JN103775

季節を味わう はじめての和食

日々の暮らしが豊かになる
日本料理の基本を学ぶ一冊

一二三庵 著

マイナビ

目次

【1章】
はじめに知りたい
和食の基本

column 1

【2章】
何度も作りたい
魚と肉の主菜

column 2

【3章】
いつでもおいしい
野菜の副菜

【4章】
心が安らぐ
あたたかい汁物

【5章】
年中行事を食卓で楽しむ
四季のおもてなし献立

日々の暮らしが豊かになる
日本料理の基本を学ぶ一冊

季節を味わう
はじめての和食

和食を学ぶことは日本の文化を知ること。
四季の食材を使った料理が並ぶ食卓から、
人や自然に感謝する心がはぐくまれます。

はじめに

一二三庵は、日本料理（和食）と年中行事を共に学ぶ料理教室です。日本料理を学ぶことは、日本の文化を知ること。旬の食材としつらいから季節の巡りを感じ、人生の節目を大切な人と祝うことで、日々の暮らしがより豊かになることをお伝えしています。

日本料理と聞くと、堅苦しさや難しい印象を持つ方もいるのではないでしょうか? 大丈夫です。決して特別なことではなく、先人が日々を健康に生きるために積み重ねてきたこと。基本を学べば、どんな食材もおいしく調理できるようになります。カツオ節と昆布から丁寧にとった出汁さえあれば、旬のお野菜とお肉をサッと炊くだけでおいしい煮物に。脂ののったお魚は、塩を振って焼くだけで笑顔があふれるごちそうになります。日常（ケの日）の料理は肩の力を抜いて、シンプルな調理方法で心が満たされるのが一番です。

季節の行事（ハレの日）には、家で家族を祝ったり、お客様をお招きしたりする場面もあるでしょう。そんなときに思い出したいのが、行事にこめられた祈りと感謝の気持ちです。お正月のおせち料理、ひな祭りに飾る桃の花、こどもの日の柏餅、お月見のお団子など。これらはすべて、五穀豊穣への感謝や大切な人の幸せと健康を願うことに由来しています。かつての日本と今では環境も暮らしも大きく変化していますが、季節の味覚を楽しみ、人を思いやる気持ちの大切さは変わりません。

本書では、はじめて日本料理を学ぶ方へ向けて、和食の知識と技術を基本から丁寧に解説しました。日々の食卓に取り入れていただきたい一二三庵の人気レシピと、節目のおもてなしでふるまいたい献立も紹介しています。これらが「日本の食文化」を知る入口となりましたら、この上ないよろこびです。

一度お目にかかれた皆様に、二度、三度とお目にかかれますようにという願いをこめて名づけた「一二三庵」。この本をお手に取っていただいた方々、出版に導いてくださった方々とのご縁に心から感謝を申し上げます。

一二三庵　店主 粟飯原崇光、女将 近藤陽子

和食の心得八カ条

〈その一〉 清らかに

料理を作る前に必ず手を洗って清潔にすることが、おもてなしの第一歩です。器や道具は日ごろから整理整頓しておき、使ったものを決まった場所に戻す習慣をつけておくと、忙しい中でも落ち着いて料理と向き合えます。これは作っている最中も同じで、使い終わったものは洗っていき、調理台の上は常に清潔に整えることを意識しましょう。そうすることで、調理の段取りがスムーズに進み、仕上がりの美しさやおいしさにもつながります。

〈その二〉 楽しく道具を揃える

はじめは「とりあえずこれがあれば大丈夫!」という、最低限の道具をそろえましょう。包丁は1本でかまいません。鍋類はフライパンと雪平鍋があれば、大体の料理は作れます。あとは料理をする中で、必要と感じたものを足していけばいいのです。例えば、一二三庵では食材に粉をはたくときにハケを使います。手でまぶすより、誰でも簡単に理想的な仕上がりにできるからです。よい道具は、料理をより楽しくおいしくしてくれます。

四季のある日本では、折々の旬の素材を選んで楽しみ、自然のめぐみに感謝して料理をして味わうことが古の頃から大切にされてきました。それこそが和食の醍醐味であり、海外からも注目を集める個性なのです。その年、その月、その時にしかない食材だと思うと、お店に並ぶ野菜や魚との出会いが愛おしく思えて、お料理がもっと楽しくなるはずです。季節感を楽しめるのは食材だけではなく、器選びや料理のあしらいで表現することもできます。

家庭の中で、自分が使うお箸やお茶碗が決まっているのは、日本ならではの和食の特徴です。まずはお気に入りのお茶碗とお椀を手に入れ、ごはんをよそって、お汁を盛りつけてみてください。普段の食事が、さらに愛おしく感じられます。次に、一汁三菜に適した器を少しずつそろえてみましょう。日本には、陶磁器や漆器など和食と共に発展してきた素晴らしい器がたくさんあります。器を知ることは日本の文化を知ることでもあるのです。

和食はただの料理ではなく、日本で古くから受け継がれてきた文化です。地域ごとに異なる風土や四季折々の自然、年中行事を大切にし、食べる人のことを想う「おもてなし」の心がこめられています。それは、調理から盛りつけ、配膳までの過程にもあらわれるものです。はじめて和食と向き合うときに知っておきたい、八つの心得を紹介します。

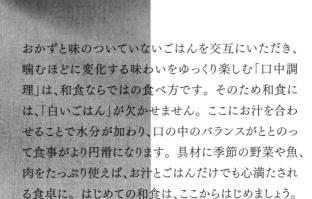

和食の原点、ごはんとお汁

おかずと味のついていないごはんを交互にいただき、噛むほどに変化する味わいをゆっくり楽しむ「口中調理」は、和食ならではの食べ方です。そのため和食には、「白いごはん」が欠かせません。ここにお汁を合わせることで水分が加わり、口の中のバランスがととのって食事がより円滑になります。具材に季節の野菜や魚、肉をたっぷり使えば、お汁とごはんだけでも心満たされる食卓に。はじめての和食は、ここからはじめましょう。

出汁さえあれば

カツオ節や昆布、煮干しなどのうまみが詰まった出汁は、和食の土台となる大切な存在です。出汁さえあれば、シンプルな調理と味つけだけで、ほっと安らぐおいしいお汁や煮物が作れます。食べることは生きること。食べたものが身体を作る。忙しい毎日を過ごす現代人の健康を、出汁が支えてくれます。出汁をひくことは、日々がんばっているご自分や、大切な方々へのとっても素敵な思いやりです。

和食の献立の基本は一汁三菜です。ごはんを中心として、汁物がひとつ、主菜がひとつ、副菜がふたつ、それに漬物。これさえ覚えておけば、栄養のバランスも自然と整うようになっています。しかし、食事は毎日のことですから、献立のバリエーションに悩むこともあるでしょう。そんなときは、和食の五法、五味、五色（P.18〜19）を思い出してみてください。5つの調理法、味つけ、色彩を意識することで、食べ飽きない献立ができあがります。

和食の心得
八カ条

和食に必要な基本の調味料の中で「味噌・醤油・みりん・酢・日本酒」は、すべて麹を使った発酵食品です。麹菌がつくり出す複雑な香りや味わいは、和食の要と言えるでしょう。同じ調味料でもさまざまな商品がありますが、原料にこだわり、昔ながらの製法で丁寧に作られたものを一度試してみてください。料理の味が驚くほど変わります。

はじめに「ヒフミポイント」をチェック

レシピの特徴や重要な工程をまとめているので、はじめに確認しておくとスムーズに調理を進められます。

作業の意図を知って理解を深める

プロセスごとに「なぜその作業をするか」「どんな効果があるか」など、レシピの行間を書き添えました。作業への理解が深まれば、他のレシピでも役立ちます。

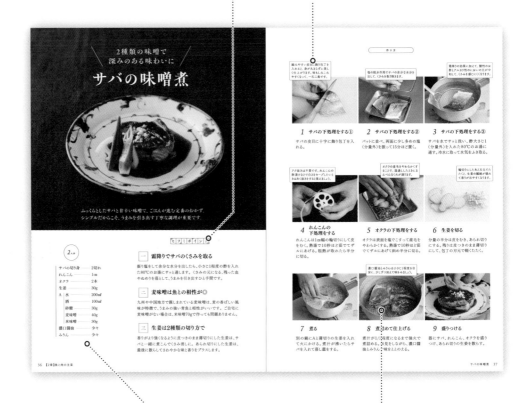

材料は基本的に2人分

レシピの分量は基本的に2人分です。作り置きができる料理や、多めに仕こんだ方がおいしくできる料理は、作りやすい分量を記載しています。

豊富な工程写真で迷わず調理

調理のプロセスを写真つきで細かく解説しています。一二三庵のお稽古に参加しているような感覚を味わっていただけたら幸いです。

レシピのきまり

◎計量単位は大さじ1=15㎖、小さじ1=5㎖、1カップ=200㎖、米1合=180㎖です。

◎「ひとつまみ」は親指、人差し指、中指の3本でつまんだ分量、「少々」は親指と人差し指の先でつまんだ分量です。「適量」はちょうどよい量を、「適宜」は必要であれば入れてください。

◎野菜類は特に記載がない場合でも、洗う、皮をむくなどの下処理を済ませています。

◎火加減の記載がない場合は、中火で調理しています。

和食の基本

はじめに知りたい

1章

料理をはじめる前に、和食の基本の"き"を学んでいきましょう。
基本の道具や調味料、献立の考え方、ごはんの炊き方、出汁のとり方など。
いつも何気なくしていたことの中に、新たな気づきや、
日々の食をより豊かにするヒントが見つかるかもしれません。

基本の道具

はじめからすべて揃えなくても、作りたい料理に必要なものがあれば大丈夫です。
使いやすい道具は、料理をより楽しく、おいしくしてくれます。

フライパン
（26㎝）

雪平鍋
（22㎝）

卵焼き器

揚げ鍋

土鍋

蒸し器

まな板

包丁
（牛刀または三徳包丁）

ヘラ

ハケ

菜箸

おろし金

計量スプーン

計量カップ

お玉

ザル
（持ち手つき）

あたり鉢・あたり棒

耐熱ボウル
（大・中・小）

その他

トング、ピーラー、温度計、バット、ミキサー、フードプロセッサー、オーブンレンジ、カセットコンロ、
ラップ、アルミホイル、キッチンペーパー、保存容器（袋）、鍋敷き、流し缶、巻きす

基本の調味料

和食の調味料の基本は、さ・し・す・せ・そ＋酒・みりんです。
味つけ以外の効果や入れる順番を意識すると、
料理がワンランク上の仕上がりに。

「さ」砂糖

料理に甘みやコクをプラスする他、肉や魚をコーティングして煮崩れを防ぎます。食材に浸透するまで時間がかかるため、他の調味料よりも先に入れるのがポイントです。本書では、主に料理にはきび砂糖、デザートにはビートグラニュー糖を使用しています。

"先入れ"で食材の煮崩れを防止

「し」塩

食材の下味やくさみ消しなどの下処理に使う他、調理の最後に味を引き締める役割も担います。少量で味が大きく変化するので、加えるときは少しずつ。基本的に一般的な食塩で十分ですが、製法や粒の大きさにこだわって使い分けるとより味わいが深くなります。

味つけの土台や仕上げに欠かせない

「す」酢

酢漬けや酢の物などの料理に酸味をつけたり、黄身酢・木の芽酢といった和食のたれにもよく用いられる調味料です。殺菌・防腐効果や魚の小骨をやわらかくする効果も。いろんな料理と相性のいい穀物酢や米酢の他、独特な香りとコクのある黒酢もあると役立ちます。

酸味で献立にアクセントをつける

大豆などの穀物を発酵させることで生まれる香りやコクが、あらゆる和食の味をつくり出します。本書で使用するのは一般的な濃口醤油の他、素材の味や色を引き立てる薄口醤油、うまみが濃縮されたたまり醤油の3種類。それぞれの味わいを生かす使い方にも注目です。

「せ」醤油

食材や用途に合わせて使い分ける

献立に欠かせない味噌汁をはじめ、味噌煮や味噌漬けなどの料理の要となる調味料。日本各地で作られ、その土地の風土によって種類や味わいが異なるのも特徴です。本書では多くの地域で作られる米味噌（赤・白）と、九州や四国・中国地方ならではの麦味噌を使用します。

「そ」味噌

溶いたり漬けたり使い方いろいろ

魚や肉のくさみを消したり、しっとりやわらかく仕上げたりするのに効果的です。一般的な料理酒は食塩が含まれているので、下味としても使えます。日本酒で代用する場合は、味見をして塩加減を調節してください。必ず加熱し、アルコールを飛ばすこともお忘れなく。

酒

くさみ消しや食材をやわらかくする効果も

米、米麹、焼酎などを糖化・熟成させて作られる甘みのある調味料で、煮崩れを防いだり料理に照りやツヤを出したりします。みりん風調味料という商品もありますが、本書では本みりんを使用しています。酒と同様に必ず加熱し、アルコールを飛ばして使いましょう。

みりん

酒の効果に甘みと照り・ツヤをプラス

計量と火加減

レシピを正しく読み取ることが、料理上手への第一歩です。
できあがりに大きく関わる調味料の量り方と火加減の見方を、
今一度おさらいしておきましょう。

調味料の量り方

〈粉末の大さじ (小さじ) 1〉

山盛りにすくってから
箸などで表面をすり切ります。

〈粉末の大さじ (小さじ) 1/2〉

大さじ(小さじ)1を半分に区切り、
半量を除きます。
1/3や1/4も同様に量ります。

〈液体の大さじ (小さじ) 1〉

液体が表面張力で
盛り上がった状態です。

〈液体の大さじ (小さじ) 1/2〉

スプーンの2/3まで
入れた状態です。

〈計量カップ〉

平らなところにカップを置き、真横から目盛りを見ます。粉末を量る場合は、底を軽く打ちつけて表面をならしてから量ります。計量カップは1カップ＝200ml、炊飯器用の計量カップは1合（1カップ）＝180mlと容量が異なるので注意しましょう。

液体がカップと接している部分は、少しかさが上がっています。液面の高さを見るのが正しく計量するコツです。

〈その他の計量〉

ひとつまみ

親指、人差し指、中指の3本でつまんだ分量です。重さで表すと約1g、計量スプーンでは約小さじ1/5です。

少々

親指と人差し指の先でつまんだ分量です。重さで表すと約0.6g、計量スプーンでは約小さじ1/8です。

適量

料理に見合ったちょうどいい量のこと。味見をしながら少しずつ加減してください。

適宜

入れても入れなくてもどちらでもよいです。入れる場合はお好みで量を調整してください。

火加減の見方

弱火

炎が鍋やフライパンの底に触れていない状態。生姜やにんにくの香りを引き出したいときや肉の低温調理など、じっくりと加熱する場合に使います。

中火

炎が鍋やフライパンの底にちょうど触れている状態。食材を炒めたり、短時間で煮たりする場合に使います。

強火

炎が鍋やフライパンの底に勢いよく当たっている状態。肉や魚の表面を焼いたり、お湯を沸かしたりする場合に使います。

五法

生（切る）

煮る

揚げる

焼く

蒸す

「生」（切る）、「煮る」、「焼く」、「蒸す」、「揚げる」といった調理法のことです。基本的な懐石料理では、五法を使った料理が必ず提供されます。日常の献立ですべて取り入れるのは難しいですが、調理法が偏らないように意識することが大切です。

和食で大切な4つの"五"

料理の味だけではなく見た目の美しさや季節感、おもてなしの気持ちを大切にする和食。
その独自の考え方として大切な、
4つの"五"を紹介します。
日々の調理や健康的な献立作りに
役立ててみてください。

五味

甘み

酸み

うまみ

塩み

苦み

「甘み」、「酸み」、「塩み」、「苦み」、「うまみ」といった味の種類のことです。基本の調味料「砂糖、塩、酢、醤油、味噌」（さしすせそ）がこれに当たります。特にうまみは和食で最も大切な出汁の味でもあり、あらゆる料理に欠かせません。

五色

赤　黄　青（緑）　黒　白

「赤」、「黄」、「青」（緑）、「白」、「黒」を指し、赤と黄は食欲増進、青は清涼感、白は清潔感、黒は引き締めといった役割があります。これらをバランスよく組み合わせることで、おいしそうな盛りつけや季節感の演出につながります。

五感覚

視覚　聴覚　味覚　嗅覚　触覚

「視覚」、「聴覚」、「嗅覚」、「触覚」、「味覚」のこと。料理は味だけではなく、見た目の美しさや焼いたり噛んだりしたときの音、香り、歯や舌に感じる質感でおいしさを感じます。食べる人を想いこれらを意識することが、和食の「おもてなし」です。

献立の考え方

日々の献立に頭を悩ませている方は多いのではないでしょうか？
健康的でおいしく、楽しく食べられる献立の要素を知れば、
もう組み合わせに迷うことはありません。

基本は一汁三菜

和食の献立は、汁物、主菜、副菜、副々菜からなる「一汁三菜」＋ごはん・漬物が基本の形です。多くの食材からいろいろな栄養が取れ、料理ごとの皿に盛りつけることで、早食いや食べすぎを予防するメリットがあります。配膳にも決まりがあるので、覚えておきましょう。

副々菜

副菜よりもボリュームの少ないおひたしや和え物など。中央奥に配膳します。

副菜

野菜や豆類、海藻を使った煮物や揚げ物、サラダなど。食べる人の左奥に配膳します。

主菜

肉、魚、卵、豆腐などを使ったメインのおかず。食べる人の右奥に配膳します。

ごはん

白いごはんや混ぜごはん、炊きこみごはんなどのごはん物。食べる人の左手前に配膳します。

香の物

野菜の漬物。小皿に盛りつけ、中央手前に配膳します。

汁物

お味噌汁やお吸い物など汁気の多い料理。食べる人の右手前に配膳します。

五法、五味、五色でバランスを取る

和食で大切な4つの"五"（P.18）を意識して献立を考えると、自然にバランスがととのいます。特に日常の食卓に取り入れやすい五法、五味、五色を意識して、本書のレシピで献立を作りました。ポイントを参考に組み合わせを変えて、お好みの献立を作ってみてください。

献立例 1

汁物 ………かき玉とオクラのお吸い物（P.102）
主菜 ………サバの味噌煮（P.36）
副菜 ………ナスとかぼちゃの揚げびたし（P.94）
副々菜 ……小松菜とえのきのおひたし（P.82）

◎ ポイント

色鮮やかな夏野菜を多く使い、五色をそろえた目にもおいしい献立です。副菜が揚げ物なので、汁物と副々菜はあっさり目のお吸い物と煮びたしを合わせ、食べ飽きない組み合わせに。

献立例 2

汁物 ………カブのとろーりすり流し（P.104）
主菜 ………和風ローストビーフ（P.66）
副菜 ………サケの南蛮漬け（P.50）
副々菜 ……タコとゴーヤの酢味噌和え（P.86）

◎ ポイント

汁物は煮る、主菜は焼く、副菜は揚げる、副々菜は茹でるというように、五法をバランスよく取り入れました。彩りもよく、酢味噌和えの酸味が味のアクセントになっています。

ごはんの炊き方

和食に欠かせない、ふっくらつやつやの白いごはん。
普段は炊飯器を使う家庭が多いと思いますが、ぜひ土鍋での炊飯にもチャレンジしてみてください。
コツを覚えれば意外と簡単。いつものごはんが、ちょっと特別なごちそうになります。

作りやすい分量

| 米 | 2合 |
| 水 | 360mℓ |

研ぎはじめは給水しやすいので、
濁った水はすぐに捨てましょう。

米が水に少しひたった状態で、シャッ
シャッシャッと音が鳴るように研ぎます。

1 計る

米用の計量カップに米を山盛りす
くい、箸などですり切る。

2 すすぐ

ボウルに米と水を入れ、浮いたお
米を沈めながら全体を軽く混ぜて
手早く水を捨てる。

3 研ぐ

卵を握るように軽く手を丸めて米を
研ぐ。白濁した研ぎ汁がたまったら、
水を入れて薄めてから捨てる。こ
れを研ぎ汁が半透明になるまで繰
り返す。

乾燥した米が水を吸って、白くふっ
くらしたら浸水完了の合図です。

炊き上がりは芯が残った状
態なので、蒸らすことでふっく
らとしたごはんになります。

4 浸水する

米がしっかりひたるくらいの水を入
れ、室温で夏は30分、冬は1時間
ほど浸水する。ザルにあげて土鍋
に移す。

5 炊く

分量の水を加え、蓋をして火にか
ける。蒸気が上がったら、一度蓋
を開けて混ぜる。再度蓋をして弱
火で10分加熱する。

6 蒸らして混ぜる

米が炊けたら、蓋をしたまま10分
程度おく。底を返すように全体を
混ぜて、余分な水分を飛ばす。

△ひ△と△く△ち△コ△ラ△ム△

ごはんを炊いたあとは

土鍋でごはんを炊いてすぐに食べないときは、濡らしたふきんをか
け、蓋を半開きにしておきましょう。蓋を閉めたままにすると、余熱で
さらに火が入って風味が落ちてしまいます。炊飯器で炊いた場合
も同様に、保温モードは切っておくことをオススメします。

出汁のひき方

出汁は、和食のおいしさの原点とも言える大切なもの。
出汁のおかげで、食材のよさが引き立つシンプルな調理が成り立っているのです。
ここでは、出汁の種類とおいしいひき方を紹介します。

カツオ節と昆布の
合わせ出汁

カツオ節の出汁にはうまみ成分のイノシン酸が、昆布の出汁にはグルタミン酸が豊富に含まれています。この2つを合わせることで、植物性と動物性のうまみが相乗効果を生み、よりおいしい出汁に仕上がるのです。本書では、この合わせ出汁を基本の出汁とし、さまざまな料理の味の土台として使っていきます。

煮干し出汁

煮干しとは、一般的にイワシを塩水で煮て乾燥させたもののことを言います。地域によってはアジやサバを煮干しにするところもあるそうです。使う煮干しは、体がへの字に曲がっていて、白く光沢のあるものを選びましょう。

その他の出汁

しいたけや手羽など骨つきの肉、野菜から出る出汁も忘れてはいけません。煮こむことで煮汁にうまみが染み出し、味を含んで具材としておいしくいただくことができます。干ししいたけは、水で12時間ほどかけてゆっくり戻すと、雑味の少ない濃厚な出汁がとれます。

カツオ節のイノシン酸と昆布のグルタミン酸が出会い、うまみが飛躍的に高まった合わせ出汁。醬油との相性がよく、汁物や煮物、おひたしなどあらゆる料理に使えます。昆布の出汁をとるのは時間がかかりますが、風味が落ちにくいので一度にたくさんとっても大丈夫です。対してカツオ出汁は香りが飛びやすいので、使う直前に加えてサッと煮出しましょう。

基本の出汁（カツオ節と昆布の合わせ出汁）

作りやすい分量		
水	————	1ℓ
昆布	————	7〜10g
カツオ節	————	25g

70℃の目安は全体から湯気がふわっと立ち上り、気泡が出ていない状態です。

1　昆布をひたして煮出す

鍋に水と昆布を入れ、室温で夏は30分、冬は1時間を目安にひたす。弱めの中火にかけ、70℃程度に温度を保ちながら10分加熱し昆布を取り出す。

2　カツオ節を煮出す

沸騰させて、カツオ節を鍋全体に均一に加える。10秒ほど煮出し、アクをすくって火を止める。

3　出汁をこす

ザルにキッチンペーパーを敷き、ボウルで受けて2を静かにこす。

日本人がおいしいと感じるうまみが詰まった昆布出汁。上品であっさりとしているので、素材の味を邪魔しません。野菜がメインの料理や豆腐、豆と相性がいいです。冷蔵庫で2〜3日は保存可能なので、時間のあるときにまとめてとっておきましょう。

昆布出汁

| 作りやすい分量 | 水 | 1ℓ |
| | 昆布 | 10g |

> 70℃の目安は全体から湯気がふわっと立ち上り、気泡が出ていない状態です。

1 ひたす

鍋に水と昆布を入れ、室温で夏は30分、冬は1時間程度を目安にひたす。

2 煮出す

鍋を弱めの中火にかけ、70℃程度に温度を保ちながら10分程度加熱する。

3 昆布を取り出す

昆布に爪を立て、あとがつくくらいやわらかくなったら取り出す。

カツオ節の出汁と同じイノシン酸が含まれている煮干し出汁。一二三庵では、煮干しと昆布を一緒に水にひたして煮出したものを、煮干し出汁としています。しっかりとしたうまみと強い香りが特徴で、お味噌汁や切干し大根、豚肉を使った料理とよく合います。

煮干し出汁

作りやすい分量		
水	——	1ℓ
煮干し	——	30g
昆布	——	10g

下処理の後に余裕があれば、フライパンで乾煎りするとくさみを抑えられます。

アクが出てきたらお玉などですくい取ってください。

1 煮干しの下処理をする

煮干しの頭を取り、腹から開いて内臓を取り出す。

2 ひたす

鍋に水、煮干し、昆布を入れて一晩（6時間ほど）ひたす。

3 煮出してこす

弱めの中火にかけ、70℃程度に温度を保ちながら10分程度加熱する。アクを取り、ザルにキッチンペーパーを敷いてボウルで受けて静かにこす。

野菜の切り方

同じ野菜でも、切り方によって火の入り方や食感はもちろん、
香り・味の感じ方にも変化が生まれます。
ここでは、基本編として普段からよく使う切り方を、
応用編として料理がぐっと華やかになる飾り切りを紹介します。

基本編

輪切り

大根やにんじんなど、切り口の丸い材料を
端から一定の幅で切っていくこと。厚さは
料理によって調整します。

半月切り

輪切りにした材料を半分に切ったり、筒状の材料を縦半分に切って端から切ったりすること。厚さは料理によって調整します。

いちょう切り

筒状の材料を縦に十字に切り、端から一定の幅で切っていちょうの葉のような形にすること。厚さは料理によって調整します。

小口切り

きゅうりやねぎなど筒状の細長い材料を、端から一定の幅で切っていくこと。厚さは料理によって調整します。

短冊切り

材料を長さ4cm前後、幅1cm程度の長方形にして、2mmの厚さに切ること。俳句などを書く短冊に似ていることから名がつきました。

千切り

4cm前後の長さで薄く切った材料を、端から細く切ること。千切りより少し太く切ることを細切りと言い、千切りより食感が残ります。

みじん切り

材料を1mm角ほどに細かく切ること。野菜によって千切りにしたものを端から切ったり、根元を残して縦横に切れ目を入れてから切ったりします。

拍子木切り

材料を長さ4cm前後、幅1cm程度の長方形にして、1cm程度の厚さに切ること。拍子木に似ていることから名がつきました。

角切り（さいの目切り・あられ切り）

材料を拍子木切りにしてから、幅と同じ厚さに切ること。1辺1cm程度のものをさいの目切りと言い、5mmのものをあられ切りと言います。

色紙切り

材料を正方形の棒状にして、端から薄く切ること。厚さは料理によって調整します。色紙に似ていることから名がつきました。

ささがき

ごぼうやにんじんなど、細長い野菜を回しながら削るように薄く切ること。笹の葉に似ていることから名がつきました。

乱切り

筒状の細長い材料を、回転させながら切り口を上にして斜めに切ること。大きさを揃えて切ることがポイントです。

斜め切り

きゅうりやねぎなど筒状の細長い材料を上から見て、包丁を斜めに当てて切ること。厚さは料理によって調整します。

応用編

花にんじん

輪切りのにんじんを五角形にしてから、角と角が結ぶ辺の中央に切りこみを入れ、五角形の角から切りこみに向かって弧を描くように花びらを切り出します。

花れんこん

輪切りのれんこんの穴と穴の間にV字の切りこみを入れ、切りこみの角を丸く切り取り花びらを切り出します。

じゃばらきゅうり

きゅうりの両端を切り落としてまな板に平行に置き、切り離さないように1㎜ほどの間隔で斜めに切りこみを入れます。きゅうりを裏返し同様に切りこみをいれます。

菊花切り

カブや大根の皮をむいて使用するサイズに切り分けたら、切り離さないように2㎜間隔で切りこみを入れます。90度向きを変えて同様に切りこみを入れます。

しいたけの飾り切り

石づきを切り落とし、包丁を斜めに寝かせてかさの中央に向かってV字の切りこみを入れます。しいたけを60度ずつ回しながら、放射状に切りこみを入れます。

薬味とは、料理に添えて風味を加える野菜や香辛料のことです。
おいしさのためだけではなく、消化促進や食欲増進など、
その名の通り薬のような作用も兼ね備えています。
また、殺菌・防腐効果を持つものもあり、
冷蔵や冷凍技術のない時代の生食には必ず薬味がつけられました。
脇役ながら大切な役割を持つ薬味の、種類や効果に注目してみましょう。

ねぎ

辛みによって味に変化がつき、風味も増します。彩りや香りをプラスすることで、食欲増進にも効果的です。

三つ葉

茶碗蒸しやお吸い物に彩りや香り、食感を加えます。香りには精神を安定させる効果があり、栄養も豊富です。

みょうが

特有の香りと食感が料理のアクセントに。食欲や消化を促進する他、体を冷やす効果もあるため夏バテに有効です。

わさび

鼻に抜けるツーンとした辛みが特徴。食欲を増進させる他、強い抗菌作用で細菌やカビなどから食材を守ります。

生姜

さわやかな風味と消臭効果があり、香りの強い食材と相性がいいです。血行や消化を促進する作用もあります。

青じそ

豚肉など脂の多い食材をさっぱりとさせます。強い防腐・殺菌効果があるため、刺身に添えて食中毒を防ぐ効果も。

ごま

香ばしい香りと甘み、食感をプラスします。煎りごま、すりごま、切りごまなど、さまざまな形で用いられます。

大根おろし

辛みによって味にアクセントをつけます。体を温めたり消化を促進したりする他、くさみ消しや殺菌にも有効です。

木の芽

山椒の若葉のことで、さわやかな風味と香り、鮮やかな色が特徴です。食欲増進や消化促進に効果があります。

魚と肉の主菜

何度も作りたい

2章

主菜とは献立のメインのおかずのことで、
魚・肉などのたんぱく質が主な材料です。
サバの味噌煮や肉じゃがといった定番の家庭料理も、
コツを覚えるだけでグッとおいしくなります。
一二三庵で人気の料理も紹介しているので、
ぜひレパートリーに加えてくださいね。

魚介の主菜を作る前に

和食の主菜と言えば、やっぱり魚。
煮物、焼き物、揚げ物など、多彩な調理でいただきますが、欠かせないのが下処理です。
丁寧な下処理によって、魚の味わいが格段にアップします。

切り身の下処理をする

魚の切り身を買うときは、身が厚くて皮に光沢があり、ドリップ（赤い液体）が出ていないものを選びましょう。
調理の前に、以下の3つの下処理を行うのも忘れずに。

1 塩水で洗いふき取る

調理法にかかわらず、有効な下処理です。濃度3％の塩水で表面のぬめりを洗い、キッチンペーパーなどでふき取ってくさみを抑えます。

2 塩を振る

焼き物、揚げ物の下処理として行います。下味をつけたり、余分な水分を出してくさみを抑えたりするのに効果的です。

3 霜降りをする

煮物の下処理として行います。熱湯に切り身をくぐらせて、表面が白くなったら取り出しましょう。ぬめりや血が落ちて、くさみが抑えられます。

魚を三枚おろしにする

魚を丸ごと買う場合は、目に濁りがなく、エラの中が鮮やかな赤色をしているか確認しましょう。
ここでは、家庭でもさばきやすいサバを例に、基本の三枚おろしの方法を紹介します。
サバ、アジ、イワシなどの小さい魚であれば、牛刀包丁や三徳包丁で大丈夫です。

背の方は刃先、表面は刃の
中央、腹の方は刃の根元を
使うとやりやすいです。

1 うろこを取る

包丁を立てて、魚の尾から頭の方に向かって刃を滑らせる。

2 頭を取る

胸びれと腹びれが頭の方に残るように、斜めに包丁を入れる。魚を裏返して同様に包丁を入れ、頭を切り落とす。

3 内臓を取る

切り口から腹の真ん中に刃を入れ、肛門のあたりまで包丁を引く。身を開いて包丁で内臓をかき出す。

骨と身の間に入った血まで丁
寧に洗い流しましょう。

まな板の手前側に魚を置くと、
作業しやすいです。

4 身を洗う

歯ブラシなどを使って、腹の中を流水で洗う。

5 腹に切りこみを入れる

腹側を手前にして置き、包丁を水平にして切り口から尾まで皮に切れ目を入れる。切れ目に沿って、包丁を少し斜めに持ち上げて切りこむ。

6 背に切りこみを入れる

背を手前に置きかえ、包丁を水平にして尾から切り口まで切れ目をいれる。切れ目に沿って、包丁を少し斜めに持ち上げて切りこむ。

ここまでの状態を二枚おろしと言います。

さらに、その後の用途によっては腹骨を
すき取ったり、小骨を抜いたりします。

7 背から中骨に沿って切りこむ

切りこみから包丁を入れ、尾の根元を少し残して包丁を貫通させる。ガリガリと中骨に刃を当てながら、頭の方まで包丁を引いて身を切り離す。

8 裏側の半身を切り離す

魚を裏返し、頭の方から尾に向かって6と同様に切れ目と切りこみを入れる。7と同様に、中骨に沿って包丁を引いて身を切り離す。

9 完成

半身と中骨に分かれた状態になったら、三枚おろしの完成。

\\ 2種類の味噌で //
深みのある味わいに

サバの味噌煮

ふっくらとしたサバと甘辛い味噌で、ごはんが進む定番のおかず。
シンプルだからこそ、うまみを引き出す丁寧な調理が重要です。

ヒ フ ミ ポ イ ン ト

（2人分）		
サバの切り身	——	2切れ
れんこん	——	1cm
オクラ	——	2本
生姜	——	30g
A	水	200mℓ
	酒	100mℓ
	砂糖	30g
	麦味噌	40g
	米味噌	30g
濃口醤油	——	少々
みりん	——	少々

一　霜降りでサバのくさみを取る

振り塩をして余分な水分を出したら、小さじ1程度の酢を入れた80℃のお湯にサッと通します。くさみの元になる、残った血やぬめりを落として、うまみを引き出すひと手間です。

二　麦味噌は魚との相性が◎

九州や中国地方で親しまれている麦味噌は、麦の香ばしい風味が特徴で、うまみの強い青魚と相性がいいです。ご自宅に麦味噌がない場合は、米味噌70gで作っても問題ありません。

三　生姜は2種類の切り方で

香りがより強くなるように皮つきのまま薄切りにした生姜は、サバと一緒に煮こんでくさみ消しに。あられ切りにした生姜は、最後に散らしてさわやかな味と香りをプラスします。

縮みやすい皮目に飾り包丁を入れると、身が丸まらずに美しく仕上がります。味もしみこみやすくなって、一石二鳥です。

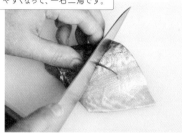

1 サバの下処理をする①

サバの皮目に十字に飾り包丁を入れる。

塩の脱水作用でサバの余分な水分を出して、くさみを取り除きます。

2 サバの下処理をする②

バットに並べ、両面に少し多めの塩（分量外）を振って15分ほど置く。

霜降りの効果に加えて、酸性のお酢とアルカリ性のにおいの元が中和して、くさみを感じにくくなります。

3 サバの下処理をする③

サバを水でサッと洗い、酢大さじ1（分量外）を入れた80℃のお湯に通す。冷水に取って水気をふき取る。

アク抜きは不要です。れんこんの酢漬けなどで白さをキープしたいときはあく抜きをすると覚えましょう。

4 れんこんの下処理をする

れんこんは1cm幅の輪切りにして皮をむく。熱湯で10秒ほど茹でてザルにあげる。粗熱が取れたら半分に切る。

オクラの産毛をやわらかくすることで、湯通ししたときにまんべんなく火が通ります。

5 オクラの下処理をする

オクラは表面を塩でこすって産毛をやわらかくする。熱湯で10秒ほど茹でてザルにあげて斜め半分に切る。

輪切りにしたあと刃元でたたくと、生姜の繊維が壊れて香りが出やすくなります。

6 生姜を切る

分量の半分は皮をむき、あられ切りにする。残りは皮つきのまま薄切りにして、包丁の刃元で軽くたたく。

7 煮る

別の鍋にAと薄切りの生姜を入れて火にかける。煮汁が沸いたらサバを入れて落し蓋をする。

濃口醤油とみりんは小さじ1程度を目安に、少しずつ加えて味をみましょう。

8 煮詰めて仕上げる

煮汁が1/3程度になるまで強火で煮詰める。味見をしながら、濃口醤油とみりんで味をととのえる。

9 盛りつける

器にサバ、れんこん、オクラを盛りつけ、あられ切りの生姜を散らす。

カレイの煮つけ

上品なカレイを ごぼうの香りと共に

白身魚の中でも特に淡泊で上品な味わいのカレイ。
繊細なうまみを生かしながら、ごぼうや醤油の風味をきかせるのがおいしさの秘訣です。

2人分

ごぼう	½本
カレイの切り身	2切れ
しいたけ	2枚
生姜	30g
水	500㎖
酒	100㎖
A みりん	100㎖
濃口醤油	25㎖
たまり醤油	小さじ1

ヒフミポイント

一　ごぼうの煮汁でカレイを煮る

香り豊かなごぼうの煮汁で煮こむことで、カレイのくさみが和らぎます。カレイ以外の白身魚もごぼうの香りと相性がいいので、煮魚を作るときにはぜひ思い出してみてください。

二　みりんの先入れで煮崩れ防止

カレイなどの白身魚の身は繊細なので、砂糖やみりんなど甘みのある調味料を先に加えるのが鉄則です。たんぱく質を固める作用で煮崩れを防いで、美しく仕上がります。

三　仕上げのたまり醤油でコクをアップ

たまり醤油は、じっくりと時間をかけて熟成された、まろやかで濃厚な味わいが特徴の醤油です。豊かな風味を飛ばさないよう、入れた後はひと煮立ちで火を止めましょう。

ごぼうの香りを生かすため、アク抜きは不要です。表面の土を軽く落とす程度に洗いましょう。

1 ごぼうを切る

ごぼうは表面をたわしで洗う。長さ5cm、縦半分に切る。

ごぼうのゆで汁は煮汁に使うので、捨てずにとっておいてくださいね。

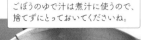

2 ごぼうを茹でる

鍋に水を入れてごぼうを加え、沸騰してから10分茹でる。

3 カレイの下処理をする

カレイの切り身の裏表に十字の切れ目を入れ、80℃の熱湯にサッとくぐらせる。冷水にとって水気をふき取る。

きれいな針生姜を作るには、凹凸の少ない生姜を選ぶのがポイントです。

4 針生姜を作る

生姜は皮をむき、繊維に沿って薄切りにする。少しずつ重なるように並べて細く切る。水(分量外)にさらして水気を切る。

しいたけは煮ると縮むので、しっかりと切りこんで大き目の切れ目を入れておきます。

5 しいたけを切る

しいたけは石づきを取り、包丁を斜めに切りこんで十字の切れ目を入れる。

6 煮る

別の鍋に2のごぼうの煮汁300mlと酒を入れて火にかけ、沸いたらカレイとごぼうを加えて煮汁が半分くらいになるまで強火で煮る。

甘みに比べて塩味は具材に染みこみやすいので、後入れしてしょっぱくなるのを防ぎます。

7 味つけをする

Aとしいたけを加え、落し蓋をしてさらに煮こむ。煮汁に照りが出てきたらたまり醤油を加え、ひと煮立ちさせる。

8 盛りつける

器に盛りつけ、針生姜を添える。

ごはんにのせて丼ぶりに、
お弁当のおかずにも

イワシのかば焼き

やわらかいイワシの身に照りのついたたれがよく絡んで、
箸がとまらないおいしさ。冷めてもおいしいところがうれしいです。

〈2人分〉

イワシ	2尾
生姜	20g
青ねぎ	5本
青じそ	10枚
白いりごま	適量
片栗粉	適量
〈合わせ調味料〉	
濃口醤油	25㎖
酒	25㎖
みりん	25㎖
砂糖	大さじ½

一　大名おろしで手早くさばく

イワシは小さくて身がやわらかいので、はじめて魚をさばく方も比較的扱いやすいです。スーパーでイワシが丸ごと売られていたら、ぜひチャレンジしてみてください。三枚おろしよりも手順の少ない大名おろし(P.42)で、手早くさばいていきましょう。

二　片栗粉はハケではたく

片栗粉をはたくと、イワシにたれがよくからみます。ただ、つけすぎると片栗粉が焦げて、独特なくさみの原因に。それを防ぐには、ハケでうすく均等につけることが大切です。少々面倒に思えますが、道具に頼るのが一番テクニックいらずで、おいしさへの近道なのです。

三　たれはいっきにからめる

調味料はあらかじめ合わせておいて、イワシが焼けたら強火でいっきにからめてください。たれの気泡が大きくなって汁気がほとんどなくなれば完成です。ここでゆっくりしてしまうと、カリッとやけたイワシがふやけて、調味料の香りも飛んでしまいます。

1 イワシの 下処理をする①

イワシは頭を左側にしてまな板に置く。左手で頭を軽く押さえ、包丁の先で頭から尾に向かってなでるようにうろこを取る。

2 イワシの 下処理をする②

胸びれの下に包丁を入れ、頭を切り落とす。

3 イワシの 下処理をする③

尾を手前、背を左側にして置き、切り口から尾に向かって腹を斜めに少し切り落とす。

> 仕上げにキッチンペーパーを指に巻くとすみずみまで洗えます。

4 イワシの 下処理をする④

包丁の先で内臓をかき出す。ボウルに水をはり、腹の中に親指を入れて洗う。

> 中骨にきちんと包丁が当たっていると「カリカリ」と音がします。

5 大名おろしにする①

尾を左側にして置き、頭から尾に向かって包丁を入れ、中骨に沿ってさばく。

6 大名おろしにする②

身を裏返し、同じように頭から尾に向かって中骨に沿ってさばく。

> まな板の手前側に魚を置いて、魚に対して平行に切りこみます。

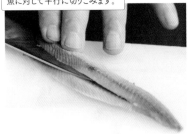

7 観音開きにする①

身の中心に腹側から包丁を入れ、厚さの半分くらいまで切りこむ。

8 観音開きにする②

包丁を入れたまま横に傾け、水平に切りこんで開く。反対側も同様に開く。

9 片栗粉をはたく

開いた身をバットに並べ、ハケで片栗粉をはたく。

10 薬味を切る

生姜は皮をむいて細かく刻む。青ねぎは小口切り、青じそは千切りにする。

11 調味料を合わせる

合わせ調味料の材料をボウルに入れて混ぜる。

12 焼く

フライパンを熱してサラダ油（分量外）をひき、イワシを皮面から焼く。焼き色がついたら裏返す。

13 味つけをする

両面に焼き色がついたら、強火にして11を入れていっきにからめる。

14 盛りつける

器にイワシを盛りつけ、生姜、青ねぎ、青じそをのせて白いりごまを散らす。

ひとくちコラム

三枚おろしと大名おろし

どちらも魚を中骨のない2枚の身と中骨の3枚におろす方法ですが、大名おろしの方が中骨に身が多く残るため「ぜいたくなおろし方」という意味でこのように呼ばれています。ですが、イワシやアジのように小さい魚であれば、身の残り方は三枚おろしと大差ありません。むしろ包丁を入れる回数が少ないので、初心者の方は大名おろしの方が身を傷つけずきれいにさばけるのでオススメです。

イワシの大名おろし

松の実と木の芽の香りが
春らしい

ホタテの木の芽味噌焼き

一二三庵で人気の木の芽味噌を、肉厚なホタテと合わせました。
口いっぱいに広がる、さわやかな春の香りをお楽しみください。

2人分

ホタテ	4切れ
はじかみ生姜	4本
〈木の芽味噌〉	
木の芽	5g
松の実	20g
A 白味噌	20g
酒	少々
薄口醤油	少々

ヒ フ ミ ポ イ ン ト

一　ホタテはしっかり下味をつけて

魚に振り塩をするのはくさみ取りのためですが、ホタテの場合
は下味をつけるのが主な目的です。淡泊な身に塩味が加わ
り、余分な水分が抜けてうまみが凝縮されます。

二　松の実を加えてまろやかに

木の芽味噌に松の実を入れるのが一二三庵流。松の実の油
分と甘みが、味噌をまろやかにしてくれます。油分が多くなる
分、焦げやすいので焼くときには要注意です。

三　はじかみ生姜がアクセント

木の芽味噌によく合うはじかみ生姜。ご自宅で作る際は、葉
生姜をサッと熱湯で茹で、甘酢(水50mℓ、酢50mℓ、砂糖小さじ
1、塩ひとつまみ)に1時間ほど漬けてください。

ホタテは味が淡泊なので、塩を浸透させて下味をしっかりとつけます。

1 ホタテの下処理をする

バットにホタテを並べ、塩（分量外）を軽く振って30分おく。

2 木の芽味噌を作る①

木の芽をあたり鉢で細かくなるまでよくすり潰す。

3 木の芽味噌を作る②

松の実を加え、ペースト状になるまですり潰す。

4 木の芽味噌を作る③

Aを加えてさらにすり潰す。

5 ホタテを焼く①

魚焼きグリルにホタテを並べ、7割ほど火が入るまで焼く。

味噌が焦げやすいので、ここでも焼き過ぎないように注意です。

6 ホタテを焼く②

ホタテの両面に4を塗り、焼き目をつける。

7 盛りつける

器に盛りつけ、はじかみ生姜を添える。

濃厚で艶やかなたれが
食欲をそそる

ブリの照り焼き

ふっくらと焼けたブリの身に、艶やかなたれがからむ至福の味わい。
濃厚な中にも、ブリや野菜のうまみがしっかりと感じられます。

2人分

ブリの切り身	2切れ
白ねぎ	6cm
生姜	20g
にんじん	3cm
大根	2cm
小麦粉	適量
〈合わせ調味料〉	
濃口醤油	大さじ2
酒	大さじ2
みりん	大さじ2
玉ねぎ（すりおろし）	30g
はちみつ	大さじ1
赤味噌	小さじ1
生姜（すりおろし）	大さじ½

ヒ フ ミ ポ イ ン ト

一 玉ねぎでたれに甘みをプラス

照り焼きのたれにすりおろした玉ねぎを使うのは、一二三庵ならでは。たれを煮詰めるときに玉ねぎの辛みが甘みに変化し、調味料とはひと味ちがうコクと香ばしさが加わります。

二 赤味噌で風味豊かに

薄口醤油がベースのたれに、隠し味として赤味噌を入れるのも、おいしさのためのひと工夫。長期間熟成された赤味噌ならではの深いコクが、味に奥行きを出してくれます。

三 余分な油はふき取る

焼いたブリにたれを絡める前に、余分な油をキッチンペーパーなどでふき取りましょう。油をそのままにしておくと、たれと分離して味がからみにくくなってしまいます。

振り塩で余分な水分を出して、ブリのくさみを取り除きます。

大根の隠し包丁は、味を染みやすくする他、お箸で切りやすいようにという心遣いでもあります。

1 ブリの下処理をする

バットにブリを並べ、塩（分量外）を振って15分おく。出てきた水分をキッチンペーパーなどでふき取る。

2 野菜を切る①

白ねぎは千切りに、生姜はあられ切りにする。

3 野菜を切る②

にんじんは輪切りにする。大根は皮をむいて厚さ1cmに切り、片面に十字の隠し包丁をする

4 調味料を合わせる

合わせ調味料の材料をボウルに入れて混ぜる。

5 にんじんと大根を焼く

フライパンに米油（分量外）をひき、にんじんと大根を両面に焼き色がつくまで焼いて一度取り出す。

6 ブリを焼く

ブリにハケで小麦粉をはたき、両面に焼き色がつくまで焼く。余分な油をキッチンペーパーでふき取る。

7 味つけをする

5をフライパンに戻して合わせ調味料を回し入れ、からめながらたれにとろみがつくまで強火で煮詰める。

8 盛りつける

器にブリ、にんじん、大根を盛りつけ、あられ生姜をちらして白ねぎをあしらう。

たっぷりきのこの
やさしい味わい

サケのきのこ餡かけ

表面をカリッと焼いたサケを、あっさりとした餡が包みこみます。
4種のきのことぎんなんがひと口ごとに異なる食感を生み出します。

2人分

生サケの切り身	2切れ
まいたけ	½袋
しめじ	½袋
しいたけ	2枚
エリンギ（大）	1本
ぎんなん	8粒
A　基本の出汁(P.25)	300mℓ
薄口醤油	大さじ2
濃口醤油	小さじ2
みりん	大さじ2
砂糖	小さじ½
〈水溶き片栗粉〉	
水	大さじ3
片栗粉	大さじ3

ヒフミポイント

一　水溶き片栗粉は一晩おく

水で溶いてすぐに料理に入れると、粉っぽさが残る原因に。
時間があれば、片栗粉を水にひたして一晩おき、入っていた水
を捨てて新しい水で溶き直すとなめらかな餡になります。

二　片栗粉にしっかり火を通す

餡に水溶き片栗粉を加えたら、透明感が出るまで火を入れる
のを忘れずに。加熱時間が長くなるととろみが弱くなるので、
強火で絶えずかき混ぜながら加熱しましょう。

三　サケに薄く小麦粉をはたく

塩を振ったサケはキッチンペーパーで水気を取ってから、ハケ
で薄く小麦粉をはたいて焼きます。あっさりとした餡を、しっか
りとサケにからませるためのひと手間です。

ここでの振り塩は、主に下味をつけるため。サケの身に塩気をきかせて 味を引き締めます

1 サケの下処理をする

バットにサケを並べ、塩（分量外）を振って30分おく。

2 きのこを切る

まいたけは子房に分ける。しめじは石づきを取り子房に分ける。しいたけは石づきを取り半分に切る。エリンギは縦半分に切り、横半分〜1/3に切る。

3 ぎんなんの下処理をする

ぎんなんは殻つきの場合はペンチなどで割り、実を水（分量外）に10分ほどひたして薄皮をふやかす。やさしくむいて水気を取る。

ダマになるのが不安な場合は、一度火を止めてから水溶き片栗粉を入れるとよいです。

4 きのこ餡を作る①

別の鍋にAを入れて沸かし、2とぎんなんを入れて再び沸騰させる。

5 きのこ餡を作る②

強火にして水溶き片栗粉を回し入れ、全体をよく混ぜる。餡に透明感が出るまで加熱する。

6 サケを焼く①

サケの余分な水分をキッチンペーパーなどでふき取り、胡椒（分量外）を振ってハケで小麦粉（分量外）をはたく。

きのこ餡をかけるとき、ぎんなんを残して後で添えるようにすると彩りアップ。

7 サケを焼く②

フライパンに米油（分量外）をひき、サケを両面に焼き色がつくまで焼く。

8 盛りつける

器にサケを盛りつけ、きのこ餡をかける。

あつあつでも冷やして
食べてもおいしい

サケの南蛮漬け

サケの揚げ衣に甘酸っぱい南蛮酢がしっかりからんで、ごはんもお酒もすすむ味です。
出来たてはもちろん、多めに用意して作り置きにも。

2人分

生サケの切り身	2切れ
白ねぎ	1本分
鷹の爪	1本
小麦粉	適量
揚げ油	適量
〈南蛮酢〉	
基本の出汁(P.25)	250mℓ
薄口醤油	100mℓ
みりん	60mℓ
酢	100mℓ

ヒフミポイント

一　油の温度を確認する

高温に対応した温度計がない場合、衣(小麦粉を水で溶いたもの)を使って確認してみましょう。油に衣を少量落として、鍋底に沈んですぐに浮き上がるのが180℃の目安です。

二　酢は後入れで酸味を残す

南蛮酢を作るとき、大切なのは酢を入れるタイミングです。他の調味料と一緒に沸かすと酸味がとんで味がぼやけてしまうので、火を止めてから最後に入れることを忘れずに。

三　揚げたてを熱い南蛮酢に漬ける

熱い南蛮酢に揚げたてのサケや白ねぎを漬けると、味が早くなじみます。これは南蛮漬け以外の料理にも使えるワザなので、覚えておくときっと役立ちますよ。

1 白ねぎを切る

白ねぎは長さ3cmに切る。

2 鷹の爪の下処理をする

鷹の爪はヘタをつまんで取り、切り口に竹串を入れて種をかき出す。

3 サケを切る

サケは食べやすい大きさに切り、ハケで小麦粉をはたく。

4 サケと白ねぎを揚げる

油を180℃に熱し、サケを香ばしい揚げ色がつくまで揚げる。白ねぎは素揚げにする。

5 油を切る

サケと白ねぎをキッチンペーパーの上に取り、余分な油を切る。

6 南蛮酢を作る

鍋に酢以外の調味料と鷹の爪を入れ、沸いたら火を止めて酢を加える。

> 酢を入れる前にしっかり沸かし、調味料の味をなじませ鷹の爪の香りを出します。

7 南蛮酢に漬ける①

5と6が冷める前にバットにすべて入れ、鷹の爪を加える。

8 南蛮酢に漬ける②

キッチンペーパーでぴったり蓋をする。常温で半日漬ける（夏場は粗熱が取れたら冷蔵庫で保存する）。

> キッチンペーパーで蓋をするとより味が染みこみやすくなります。

9 盛りつける

器にサケと白ねぎを積み上げるように盛りつけて漬け汁をかけ、刻んだ鷹の爪を散らす。

豆乳酢と柑橘の酸味が
さわやか

カツオのたたき
サラダ仕立て

カツオのたたきを、家庭でも気軽にできるようアレンジしました。
たっぷりの野菜と一緒に盛りつけて、華やかなサラダ仕立てに。

2人分

カツオ（刺身用）	1節
みょうが	2個
玉ねぎ	½個
きゅうり	½本
トマト（小）	1個
青じそ	4枚
豆乳	100㎖
酢	大さじ2
〈ドレッシング〉	
ぽん酢	90㎖
米油	大さじ1
柚子胡椒	小さじ⅔

ヒフミポイント

一　いつもの調味料でぽん酢を手づくり

ぽん酢を切らしていたら、即席ぽん酢をお試しあれ。柑橘類のしぼり汁20㎖、酢小さじ2、濃口醤油20㎖、みりん大さじ1、基本の出汁（P.25）小さじ2をよく混ぜ合わせて完成です。

二　表面を焼く作業はメリハリが大切

カツオを焼くときは「皮目しっかり、身はサッと」を意識して。皮目は少し焦げ目がつくくらい香ばしく焼き、反対に身は色が変わる程度にとどめるとおいしく仕上がります。

三　豆乳酢でカツオの酸味をまろやかに

和風のカッテージチーズのような「豆乳酢」が、カツオの身がもつ酸味を中和して、まろやかな風味で包みこみます。柚子胡椒をきかせたドレッシングとも相性バッチリです。

しっかりと温めたフライパンで、手早く焼きましょう。弱い火力でゆっくり焼くと中まで火が通ってしまいます。

1 カツオの表面を焼く

フライパンに米油（分量外）を少々ひいて強火にかける。カツオの皮目を下にして置き、香ばしい焼き目がつくまで焼く。身は表面の色が変わる程度に軽く焼く。

2 野菜を切る①

みょうがは小口切りにしてサッと洗い水気を切る。玉ねぎは繊維に沿って薄くスライスして流水にさらす。

3 野菜を切る②

きゅうりは縦半分に切り、種を取り除いて1cm角に切る。トマトも1cm角に切る。青じそは粗いみじん切りにする。

熱いまま切ると余熱で火が通るので注意。皮目に浅く切れ目を入れてから包丁を入れると、きれいに切れます。

4 豆乳酢を作る①

鍋に豆乳を入れて火にかけ、沸いてきたら酢を入れる。

5 豆乳酢を作る②

加熱しながらかき混ぜ、分離したらザルにキッチンペーパーを敷いてこす。

6 カツオを切る

カツオの粗熱が取れたら1cm程度の厚さに切り分ける。

玉ねぎ、カツオ、きゅうり・トマトの順に盛りつけると彩りが鮮やかです。

7 ドレッシングを作る

ドレッシングの材料をボウルに入れて混ぜる。

8 盛りつける

器にカツオと野菜を盛りつけ、豆乳酢を散らしてドレッシングをかける。みょうがをのせる。

マグロのささら揚げ

衣の軽い食感が
マグロのうまみを引き立てる

レアに揚がった断面が食欲をそそる一皿。
マグロの柵を丸ごと揚げる豪快な調理とはうらはらに、素材のうまみを感じる繊細なお味です。

2人分		
マグロ（刺身用）	——	2柵
新玉ねぎ	——	¼個
ブロッコリー	——	¼株
小麦粉	——	適量
バッター液	——	適量
※水と小麦粉を1:1で混ぜる。		
パン粉	——	適量
揚げ油	——	適量
A　基本の出汁（P.25）	——	50mℓ
薄口醤油	——	25mℓ
みりん	——	25mℓ
中濃ソース	——	大さじ1
酢	——	25mℓ
和からし	——	適量
〈水溶きくず粉〉		
くず粉	——	10g
水	——	小さじ2

ヒ フ ミ ポ イ ン ト

一　細かい（ささら）パン粉で軽い食べ心地に

パン粉は普通の乾燥パン粉を、フードプロセッサーで細かくひいてから使うのがオススメ。口当たりがよく軽い食べ心地で、マグロ本来の食感やうまみを味わえます。

二　火を入れるのは衣だけ

繊細な衣とレアなマグロの身がおいしさのカギなので、揚げすぎは禁物。油に入れたらこまめに様子を確認して、香ばしい揚げ色がついたらサッと引き上げましょう。

三　野菜も半生の風味を楽しむ

マグロと同様に、野菜も揚げすぎてしまうと本来の食感や香りが失われてしまいます。大き目に切り、シャキシャキとした食感が残る半生の状態で仕上げるのがベストです。

1 野菜を切る

玉ねぎは1.5cm幅の半月切りにし、つまようじを刺す。ブロッコリーは子房に分ける。

2 小麦粉をはたく

玉ねぎ、ブロッコリー、マグロに小麦粉をハケではたく。

パン粉をつけたら、はがれないように軽く押さえて密着させます。

3 衣をつける

小麦粉と水を1:1の割合で溶いてバッター液を作る。2にまとわせてパン粉をつける。

4 マグロを揚げる

油を180℃に熱し、マグロを揚げる。香ばしい揚げ色がついたらキッチンペーパーの上に取り、余分な油を切る。

5 野菜を揚げる

玉ねぎとブロッコリーを揚げる。キッチンペーパーの上に取り、余分な油を切る。

片栗粉に比べて、くず粉は冷めてもとろみがなくなりません。

6 たれを作る①

鍋にAを入れて火にかけ、沸いたら水溶きくず粉を加えて混ぜる。

7 たれを作る②

火を止めて酢を加える。ボウルに移し、常温まで冷まして和からしを溶き入れる。

8 盛りつける

マグロを厚さ1cm程度に切り、断面が見えるように器に並べる。玉ねぎ、ブロッコリーを盛りつけ、たれをかける。

肉の主菜を作る前に

日々の献立はもちろん、特別なごちそうとしてもよろこばれる肉の主菜。魚と同様に、
おいしく調理するには肉の種類や部位に合わせた下処理が大切です。

肉の下処理をする

肉を買うときは、表面がみずみずしく色が鮮やかで、ドリップが出ていないものを選びましょう。
下処理はすべてに共通する2つに加えて、肉の種類や部位で異なる方法があります。

すべての肉

1 表面の水分をふき取る

キッチンペーパーなどで表面の水分をふき取り、
くさみを抑えます。

2 繊維の向きに垂直に切る

肉の繊維の向きを確認し、繊維に対して垂直
に切ることで、食感がやわらかくなります。

牛肉・豚肉

筋切りをする

筋切りには、加熱したときに肉が丸ま
るのを防ぎ、火の通りを均一にする効
果があります。赤味と脂身の境目に2
cmほどの間隔で切りこみを入れましょ
う。薄い肉の場合は片側から貫通さ
せ、厚い肉の場合は、反対側からも同
じように切りこみを入れます。

鶏もも肉

1 黄色い脂肪や余分な脂身を取り除く

黄色い脂肪と身からはみ出した余分な脂味は、包丁の刃先で切り取ります。くさみと脂っぽさが抑えられます。

2 皮に穴を開ける

皮を上にして置き、包丁の刃先やフォークでまんべんなく刺して穴を開けます。味のなじみがよくなり、皮が縮むのを防ぎます。

3 筋切りをする

身を切り分けずに調理する場合に有効です。身を上にして広げ、横長になるように置き、縦方向に2cmほどの間隔で切りこみを入れます。

鶏むね肉

観音開きにする

鶏むね肉の中央に厚さの半分まで包丁を入れ、切れ目から左右に切り離さないように包丁を入れて開きます。身を薄くすることで、火の通りが早く均等になります。

ささみ

筋を取り除く

白い筋に沿って両側に切りこみを入れ、筋の下に包丁を入れて身から切り離します。筋を取り除くことで肉が縮むのを防ぎ、口当たりをよくする効果があります。

ほろっとやわらかな
あっさり味

豚の角煮

ずっしりとしているのに箸で切れるほどやわらかく、食べると驚くほどあっさり。
手間と時間をかけるかいのある、上品な出来栄えに頬がゆるみます。

つくりやすい
分量

豚バラブロック肉	1kg
米ぬか	2カップ
生姜	30g
卵	4個
和からし	適量
〈煮汁〉	
水	1200mℓ
いも焼酎	100mℓ
濃口醤油	65mℓ
黒砂糖	15g
砂糖	30g

ヒ フ ミ ポ イ ン ト

一　丁寧にくさみと脂を落として

調理時間のほとんどを占めるのが、豚のくさみを取るための下茹でと、余分な脂を落とすための蒸す工程です。正直とても面倒ですし、プロでもここまでする人は今どきいないかもしれません。でもこれが一番おいしいと思うから、一二三庵では手間を惜しまず続けています。

二　郷土の香りをまとわせる

豚の生産が盛んな鹿児島のいも焼酎と、郷土料理で豚の角煮（ラフテー）が有名な沖縄の黒砂糖を味のアクセントに。食材にゆかりのある地域の調味料を組み合わせると、自然と味に奥行きとまとまりが生まれます。ご自宅にない場合は、同量の酒と砂糖で代用可能です。

三　寝かして味を染みこませる

煮物に味が染みこむのは、冷めていくときです。一番おいしい状態を味わうなら、すぐに食べたい気持ちをグッとおさえて、鍋の中で1日寝かしましょう。いも焼酎の香りや黒糖のこっくりとした甘み、醤油の色合いが、ゆっくりと豚肉と煮卵に浸透していきます。

豚肉から脂が出るので、調味料の油はひきません。両面にしっかり焼き目をつけて煮崩れを防止します。

米ぬかには、肉のくさみを取って繊維をほぐす作用があります。

1 豚肉を切る

豚肉は、100gずつに切る。

2 焼く

1をフライパンで両面に焼き色がつくまでよく焼く。途中で余分な脂をキッチンペーパーでふき取る。

3 茹でる

鍋に2とたっぷりの水（分量外）、米ぬかを入れ、落し蓋をして1時間下茹でする。

洗うだけでは取りきれない米ぬかのにおいをなくすために行います。

余分な脂が落ちて、あっさりとした仕上がりに。

4 洗う

豚肉をザルにあげ、流水で米ぬかをよく洗い流す。

5 煮る

軽く洗った鍋に豚肉を戻して水を入れ、沸騰するまで加熱する。

6 蒸す

蒸し器に水（分量外）を入れて沸騰させ、豚肉を入れて1時間蒸す。

たたくと生姜の繊維が壊れて香りが出やすいです。

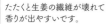

7 生姜を切る

生姜を皮ごと薄切りにして、包丁の刃元で軽くたたく。

8 煮こむ①

鍋に豚肉、煮汁の材料（いも焼酎は半量残す）、生姜を入れて火にかける。

9 煮こむ②

煮汁の量が半分くらいになったら、茹でて殻をむいた卵を加えてさらに煮る。

いも焼酎の半量を最後に入れると、香りが立ちます。

10 煮こむ③

煮汁の泡が大きくなるまで煮詰めたら、残りのいも焼酎を加えてひと煮立ちさせる。火を止めて、常温で1日寝かせる（夏場は粗熱が取れたら冷蔵庫で保存する）。

11 盛りつける

器に豚肉と半分に切った卵を盛りつけて煮汁をかけ、和からしを添える。

やわらかい牛と
ほくほくの野菜を味わう

一二三庵の肉じゃが

具材の大きさや煮こみ具合の違いで、家庭の個性が出やすい肉じゃが。
一二三庵の肉じゃがは、しっかり煮詰めて具材に味をからませます。

2人分

じゃがいも	──	3個
玉ねぎ	──	½個
にんじん	──	½本
牛切り落とし肉	──	100g
絹さや	──	4本
〈煮汁〉		
A　基本の出汁(P.25)	──	300㎖
みりん	──	大さじ½
酒	──	大さじ1
砂糖	──	大さじ2
濃口醤油	──	25㎖
薄口醤油	──	小さじ1

ヒフミポイント

一　牛肉に火を入れすぎない

野菜の存在感が強い料理ですが、牛肉をおいしく仕上げることも忘れてはいけません。具材を炒めるときは、大きい野菜を先に入れて、牛肉は軽く色が変わる程度にとどめましょう。

二　醤油以外で先に煮る

はじめから醤油で煮こんでしまうと、中まで塩みが染みすぎて素材の味のじゃまをしてしまいます。はじめは出汁と酒、甘みのある調味料で煮て、緩やかに味を入れていくのが◎。

三　薄口醤油で引き締める

煮詰めたあとに加える薄口醤油には、仕上げに塩少々を振るように全体の味を引き締める役割があります。ほんの少しですが、醤油の香りと味の輪郭がキリッと立ち上がるのです。

1 野菜を切る

じゃがいもは皮をむいて縦横6等分、玉ねぎは皮をむいて8等分のくし形切り、にんじんは皮をむいて大きめの乱切りにする。

2 絹さやの筋を取る

絹さやを縦に持ち、真っすぐな方の側面に向かってヘタを折り、ゆっくりと下に引く。

> 絹さやを湯がくのは、色を鮮やかにするのが目的です。すぐに冷水に取って色止めしましょう。

3 絹さやを茹でる

絹さやは熱湯でサッと茹でて冷水にとり、水気を切って斜め半分に切る。

> 牛肉は炒めすぎるとパサつくので、ここでは完全に火をいれようとしなくてよいです。

4 具材を炒める

別の鍋に米油(分量外)を入れて熱し、1を入れて表面がやや透き通るまで炒める。牛肉を加えて軽く混ぜ合わせる。

> 濃口醤油を数回に分けて入れることで、塩みがまろやかに染みこみます。

5 味つけをする

Aを加え、キッチンペーパーで落し蓋をして沸騰させる。キッチンペーパーを外して、濃口醤油を10〜15分ごとに加えながら煮こむ。

6 仕上げる

煮汁が半分以下になったら薄口醤油を加え、ひと煮立ちしたら火を止める。

7 盛りつける

器に盛りつけ、絹さやを散らす。

牛肉の桜味噌煮こみ

丁寧に煮こんだ牛すね肉は、ホロホロとほどけるやわらかさ。
にんにくを丸ごと一玉使っているとは思えないほど、上品な味わいに驚くはず。

作りやすい
分量

牛すね肉	──	1kg
にんにく	──	1玉 (60g)
ブロッコリー	──	½株
水	──	4ℓ
酒	──	400mℓ
砂糖	──	70g
A 赤味噌	──	60g
米味噌	──	20g
酒	──	大さじ1
濃口醤油	──	小さじ1

ヒフミポイント

一 丁寧な下処理でくさみを取る

おいしい味つけを存分に生かすには、丁寧な下処理が大切です。牛すね肉は、調味料で煮こむ前に焼き目をつけてくさみを飛ばし、さらに茹でて焼けた脂のにおいを取り除きます。

二 にんにくが溶けるまで煮こむ

大量のにんにくは牛肉と一緒に煮こむうちに、自然と溶けてペースト状になっていきます。すね肉のくさみを取り、煮汁にふくよかな甘みを与えてくれる、この料理のキー食材です。

三 砂糖は少しずつ加える

肉をやわらかくする効果のある砂糖ですが、いっきにたくさん入れると逆効果。このレシピは多めの砂糖を使うので、煮こみながら3回ほどに分けて加えていきましょう。

1 牛肉を切る

牛肉をひと口大に切る。

2 にんにくの下処理

にんにくは1片ずつに分けて、それぞれ皮をむく。

3 ブロッコリーを茹でる

ブロッコリーは子房に分けて、熱湯で2分ほど茹でる。ザルにあげてうちわであおいで冷ます。

煮崩れ防止とくさみを取るために、しっかり焼き色をつけます。

工程4で肉についた焼けた脂のにおいを、茹でて洗い流すイメージです。

煮こんでいく過程で肉がかたくならないように、酒を加えて保湿します。

4 牛肉を焼く

フライパンに米油（分量外）をひき、牛肉を入れて全面に焼き色がつくまで焼く。

5 下茹でをする

鍋に4を入れ、ひたひたの水（分量外）を加えて火にかける。沸いたら湯を捨てて牛すね肉をザルにあげる。

6 煮こむ①

牛肉を鍋に戻し、分量の水とにんにくを入れて火にかけ、煮汁が2/3程度になるまで煮こむ。酒を加えてさらに煮こむ。

常温で一晩寝かせると、より味がなじんでおいしくなります。

7 煮こむ②

煮汁が半分になったら砂糖を3回に分けて加える。

8 味つけをする

煮汁が1/3程度まで煮詰まったらAを溶き入れる。濃口醤油を加えて、ひと煮立ちさせる。

9 盛りつける

器に盛りつけ、ブロッコリーを添える。

お出汁の香りと
和からしがきいた

和風ローストビーフ

桜色の断面が美しいローストビーフ。食卓がいっきに華やぐ一皿です。
お肉からふわりと香るお出汁に、和の風情を感じます。

（作りやすい分量）

牛ももブロック肉	—	1kg
にんにく	—	1片
A	基本の出汁(P.25)	750㎖
	酒	250㎖
	濃口醤油	250㎖
B	ウスターソース	小さじ2
	砂糖	小さじ1
和からし		適量
〈水溶きくず粉〉		
水	—	小さじ2
くず粉	—	10g

ヒ フ ミ ポ イ ン ト

一　かたまり肉を用意する

牛もも肉は、5㎝以上の厚みがあるかたまり肉を用意してください。肉が薄かったり、小さかったりすると、中心まで早く火が通ってしまいきれいな桜色になりません。

二　70℃をキープして加熱する

肉をしっとりとやわらかく仕上げるために、煮汁の温度は70℃をキープします。70℃の目安は、煮汁に泡が立たず鍋全体からフワッと湯気が上がっている状態です。

三　煮汁に漬けて一晩寝かす

低温でじっくり煮こんだら、鍋に入れたまま半日おいて、粗熱が取れたら冷蔵庫で一晩おきましょう。煮汁が冷めていく過程で肉にちょうどよく火が入り、お出汁の香りや醤油の味も浸透していきます。

1 にんにくの下処理をする

にんにくは皮をむき、おろし金ですりおろす。

2 下味をつける

牛肉ににんにくをまんべんなくすりこみ、塩と黒胡椒（共に分量外）を振ってなじませる。

3 焼く

フライパンに米油（分量外）をひいて牛肉を入れ、強火で側面に焼き色をつける。

温度計を使うときは、鍋底につけないように注意。正しく温度が測れません。

4 煮る①

鍋にAを入れて70℃に温める。

5 煮る②

4に牛肉を加え、70℃に保ちながら30分煮る。

6 寝かせる

火を止め、そのまま一晩おく（夏場は粗熱が取れたら冷蔵庫で保存する）。

和からしのピリッとした辛みが肉の甘みを引き立てます。量はお好みで調節してください。

7 たれを作る

別の鍋に6の煮汁100mlとBを入れて火にかけ、ひと煮立ちしたら水溶きくず粉を加えてとろみをつける。和からしを溶き入れる。

8 盛りつける①

一晩寝かせた牛肉を薄く切る。

9 盛りつける②

器に盛りつけてたれをかける。

麹の力で肉をやわらかく
まろやかに

豚肉の味噌漬け

一二三庵特製の味噌だれに豚肉を漬けこんだら、あとはオーブンで焼くだけ。
日持ちがするので、多めに仕込んでおくのがオススメです。

作りやすい
分量

豚ロース肉	——	4枚（厚さ1.5cm程度）
みょうが	——	2個
〈味噌だれ〉		
酒	——	200mℓ
甘酒	——	500mℓ
白粒味噌	——	700g
米味噌	——	300g
〈甘酢〉		
水	——	50mℓ
酢	——	50mℓ
砂糖	——	小さじ1
塩	——	ひとつまみ

ヒ フ ミ ポ イ ン ト

一 甘酒パワーで肉をやわらかく

味噌だれの甘みとして使うのは、米と米麹でできた甘酒です。
麹にはたんぱく質を分解する作用があり、肉をやわらかくして
くれます。同じ発酵食品の味噌との相性も抜群です。

二 重ね漬けで密閉する

豚肉を漬けるとき、味噌だれ→豚肉→味噌だれ→豚肉→味
噌だれの順で保存容器に入れます。ガーゼやラップを使わ
ずに、豚肉をしっかり漬けるちょっとしたテクニックです。

三 みょうがの甘酢漬けを添えて

こってりとした豚肉には、さっぱりとしたみょうがの甘酢漬け
がぴったりです。みょうがを半分に切ってサッと茹で、甘酢に
漬けて1時間ほどおいておきましょう。

1 豚肉の下処理をする

豚肉は、1枚ずつ筋に切りこみを入れる。

2 味噌だれを作る

ボウルに味噌だれの材料を入れて混ぜる。

3 漬けこむ

保存容器に味噌だれと豚肉を交互に重ね、冷蔵庫で3日間おく。

味噌だれはとても焦げやすいので、きちんとふき取ってから焼きましょう。

4 味噌だれをふき取る

豚肉を取り出し、キッチンペーパーなどで味噌だれをふき取る。

5 焼く

200℃のオーブンで20分ほど焼く。

6 盛りつける

豚肉を食べやすい大きさに切って器に盛りつけ、みょうがの甘酢漬けを添える。

ひ と く ち コ ラ ム

豚の味噌漬けの保存法

冷蔵
【保存期間】約3日間
【保存法】ジッパーつき保存袋に味噌だれごと豚肉を入れ、重ならないように並べる。空気を抜いて密閉し、冷蔵庫に入れる。

冷凍
【保存期間】約2週間
【保存法】冷蔵と同様に、ジッパーつきの保存袋に入れて冷凍庫に入れる。
【解凍】冷蔵庫に入れて、半日ほど置いておく。

野菜の豚肉巻き

肉のうまみを吸った野菜が主役

豚の肉汁と野菜のみずみずしさが相まって、さっぱりジューシーな食べ心地。
いつもの食卓はもちろん、お弁当のおかずにもオススメです。

2人分

豚ロース薄切り肉	6枚
トマト	½個
いんげん	3本
ナス	½本
小麦粉	適量
〈合わせ調味料〉	
濃口醤油	大さじ2
酒	大さじ2
みりん	大さじ2
砂糖	大さじ2/3

ヒフミポイント

一　小麦粉をはたきながら巻く

肉の内側にハケで小麦粉をはたきながら、野菜を巻いていきましょう。水気を吸った小麦粉がのりがわりになり、肉と野菜をしっかりくっつけてくれます。

二　焼くときは巻き終わりを下にして

フライパンを熱したら、必ず巻き終わりを下にして肉巻きを並べます。とじ目を先に焼き固めれば、途中で肉が開いてバラバラになってしまうことがありません。

三　たれは強火でいっきに煮詰める

長く加熱し過ぎると、野菜から水分が出て味がぼやけてしまいます。合わせ調味料を入れたら強火でいっきにたれを煮詰めて、肉巻きを転がしながらからめます。

肉の大きさに合わせて野菜を切ると、巻きやすく見た目も美しくなります。

表面の小麦粉は、肉がかたくなるのを防ぎ、たれがからみやすくなる効果も。

1 野菜を切る

トマトは6等分のくし形切りにする。いんげんは豚肉の幅に切る。ナスは豚肉の幅に切り、十字に4等分に切る。

2 豚肉で野菜を巻く

豚肉を広げ、ハケで小麦粉をはたきながら野菜を巻く。

3 小麦粉をはたく

巻き終わったら、肉巻きの表面にもハケで薄く小麦粉をはたく。

4 調味料を合わせる

ボウルに合わせ調味料の材料を入れて混ぜる。

5 焼く

フライパンを熱して米油(分量外)をひき、豚肉の巻き終わりを下にして焼いてから、全面に焼き色をつける。

6 味つけをする

豚肉に火が通ったら、合わせ調味料を回し入れて強火にする。

7 煮詰める

合わせ調味料に肉巻きをからめながら、照りが出て汁気がほとんどなくなるまで煮詰める。

8 盛りつける

肉巻きをひと口大に切り、器に盛りつける。

暑い季節にも
さっぱり食べられる

鶏肉のしっとり煮 梅風味

パサつきやすい鶏肉も、じっくりと火を通せばしっとりジューシー。
青じそやカツオの風味と、梅干しの酸味をきかせたたれが絶品です。

2人分

鶏もも肉	1枚（約300g）
白ネギ（青い部分）	適量
生姜	30g
梅干し	2個
カツオ節	10g
青じそ	2枚
白いりごま	少々
A　水	400㎖
酒	80㎖
塩	小さじ⅔
B　酒	200㎖
薄口醤油	40㎖
みりん	大さじ1

ヒフミポイント

一　70℃をキープして加熱する

肉をしっとりとやわらかく仕上げるために、煮汁の温度は70℃をキープします。70℃の目安は、煮汁に泡が立たず鍋全体からフワッと湯気が上がっている状態です。

二　余熱でしっかり火を通す

茹でた鶏肉は、鍋の中でゆっくり冷ましながら余熱で火を通します。中まで火が通ったか心配な場合は、一番厚みのある部分に竹串を刺して透明な肉汁が出るか確かめましょう。

三　煎り酒で香り豊かに

煎り酒とは、醤油ができる前の室町時代から使われていた万能調味料。本来はカツオ節、梅干し、酒、塩で作りますが、このレシピでは醤油とみりんも足してたれとしていただきます。

白ねぎの青い部分や生姜には、
肉のくさみを取る作用があります。

1 下茹でをする

鍋にA、鶏肉、白ねぎの青い部分、薄切りにした生姜を入れて、70℃に保ちながら20分煮る。火を止め、そのまま冷ます。

2 煎り酒を作る①

別の鍋にBと梅干しを入れて7〜8分加熱し、カツオ節を加える。

3 煎り酒を作る②

ひと煮立ちしたら梅干しを取り出す。ザルにキッチンペーパーを敷き、ボウルで受けてこす。

はじめに包丁の背でたたいて
種を取り、次に刃の方で細か
くするのがコツです。

4 梅干しをたたく

3で取り出した梅干しは、種を取って細かくたたく。

5 青じそを切る

青じそは細かく切る。

6 煎り酒を作る③

3に梅干しと青じそを加えて混ぜる。

7 鶏肉を切る

鶏肉を薄くスライスする。

8 盛りつける

鶏肉を器に盛りつけ、煎り酒をかけて白いりごまを振る。

ふっくら蒸した
鶏とアサリが絶品

鶏肉とアサリの蒸し焼き

にんにくや青じその香りをまとった鶏肉とアサリは、噛むほどうまみがあふれます。
具材の出汁を含んだ煮汁まで、飲み干したくなる一皿です。

2人分

アサリ	300g
鶏もも肉	1枚（約300g）
玉ねぎ	1個
にんにく	1片
トマト	1個
青じそ	10枚
生ヤングコーン	4本
塩	少々
胡椒	少々
〈煮汁〉	
酒	150ml
塩	適量
薄口醤油	少々

ヒフミポイント

一　香ばしい焼き目で引き締める

鶏肉を蒸し焼きにする前に、両面にしっかりと焼き目をつけましょう。香ばしい風味がアクセントになって、料理全体の味が引き締まります。

二　蒸し焼きで鶏肉の中まで火を通す

鶏肉に焼き目をつける段階では、内側が生でも問題ありません。他の具材と一緒に蒸し焼きにする過程でじっくり火を通すことで、うまみを含んでふっくらと仕上がります。

三　トマトと青じそは最後に加える

トマトは食感やみずみずしさを残したいので、最後に加えてサッと温める程度にとどめます。青じそも色や香りを保つため、表面に散らして火を入れすぎないことが大切です。

水の中に鉄玉を入れれば、砂抜きにかかる時間を短縮できます。この場合、塩は入れなくてOKです。

塩・胡椒には、下味の他にも焼き目をつきやすくする効果があります。

1 アサリの下処理

ボウルにアサリを重ならないように入れ、分量外の塩水（水200㎖、塩小さじ1）を入れる。アルミホイルなどを被せて2〜3時間おく。

2 鶏肉に下味をつける

鶏肉は両面に塩、胡椒を振る。

3 鶏肉を焼く

フライパンに米油（分量外）をひき、皮目から両面に焼き目がつくまで焼く。取り出して4等分に切り、フライパンに戻す。

4 野菜を切る

玉ねぎとにんにくは薄切り、トマトはさいの目、青じそは細かく切る。ヤングコーンは皮をむく。

5 蒸し焼きにする

3にアサリ、玉ねぎ、にんにく、ヤングコーン、酒を加えて蓋をし、弱めの中火で蒸し焼きにする。

6 味つけをする

アサリの口が開いたら蓋を取って少し煮詰め、味をみて塩と薄口醤油で味をととのえる。

7 仕上げる

トマトと青じそを加えて混ぜる。

8 盛りつける

鶏肉を食べやすい大きさに切って器に盛りつけ、アサリと野菜を彩りよく添えて煮汁をかける。

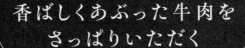

香ばしくあぶった牛肉を
さっぱりいただく

牛肉のたたき
サラダ仕立て

ごちそう感たっぷりの牛肉のたたきを、色鮮やかな野菜と合わせてサラダ仕立てに。
柑橘の香るごま酢が全体をさっぱりとまとめてくれます。

2人分		
牛ももブロック肉	—	200g
大根	—	4cm
ラディッシュ	—	2個
紫玉ねぎ	—	½個
わかめ	—	80g
スナップえんどう	—	8本
にんにく	—	2片
揚げ油	—	適量
〈ごま酢〉		
基本の出汁(P.25)	—	25㎖
濃口醤油	—	25㎖
みりん	—	25㎖
柑橘酢	—	25㎖
練りごま	—	25㎖
酢	—	大さじ1

ヒフミポイント

一 かたまり肉を用意する

牛もも肉は、5cm以上の厚みがあるかたまり肉を用意してください。肉が薄かったり、小さかったりすると、早く火が通ってしまいベストなレア状態を逃してしまいます。

二 直火であぶる

直火ならではの香ばしさも、調味料のひとつです。フライパンで表面を焼く方法もありますが、できればガスバーナーやカセットコンロの火で直接あぶってみてください。

三 にんにくチップは二度揚げする

はじめに揚げ油を弱火にかけ、130℃程度の低温で薄いきつね色になるまでゆっくり揚げて取り出します。続いて160℃に温度を上げてにんにくを戻し、しっかり色づいたら完成です。

温度センサーつきのガスコンロは途中で火が消えてしまうので、コンロであぶる場合はカセットコンロを使用しましょう。

あぶった牛肉は水ですぐに冷やして、余熱で火が入るのを防ぎます。

1 下味をつける

牛肉は両面に塩、胡椒(共に分量外)を振って金串に刺す。

2 焼く

カセットコンロかガスバーナーを用意し、牛肉の表面を直火で焼く。

3 粗熱を取る

水をはったボウルに牛肉を入れて粗熱を取る。取り出してキッチンペーパーなどで水気をふき取る。

4 野菜とわかめを切る

大根は皮をむいて拍子木切りにする。ラディッシュと紫玉ねぎは薄切りにする。わかめは食べやすい大きさに切る。

5 スナップえんどうの下処理をする

スナップえんどうを縦に持ち、真っすぐな方の側面に向かってヘタを折り、下に引いて筋を取る。熱湯で2分ほど茹でて斜め半分に切る。

6 にんにくチップを作る

にんにくは皮をむいて薄切りにし、二度揚げしてカリカリにする(二度揚げのコツはP.76の3を参照)。

7 ごま酢を作る

ボウルにごま酢の材料を入れて混ぜる。

8 盛りつける①

牛肉を厚さ3mm程度に切り分け、野菜、わかめと一緒に盛りつける。

9 盛りつける②

ごま酢をかけてにんにくチップをあしらう。

木の芽味噌アレンジレシピ

一二三庵で人気の木の芽味噌 (P.44) は、
魚介や肉に塗って焼くだけではなく、他にもいろいろな料理にアレンジできます。
密閉容器に入れて冷蔵庫で2週間、冷凍で半年ほど保存可能なので、
木の芽が旬の春にまとめて作っておくのもいいですね。

＼ 鮮やかな緑と食感を楽しむ ／

鶏むね肉の木の芽味噌焼き

木の芽味噌	適量
鶏むね肉	100g
酒	小さじ2
薄口醤油	小さじ1

1 鶏肉はひと口大に切り、酒と薄口醤油を混ぜたものにひたす。

2 串に刺して魚焼きグリルに並べ、8割程度火を通す。

3 表面に木の芽味噌を塗り、焼き目がつくまで焼く。

＼ クリーミーでさわやかな味わい ／

木の芽味噌汁

木の芽味噌	30g
基本の出汁(P.25)	200㎖
薄口醤油	少々
酒	少々

1 鍋にすべての材料を入れて混ぜ、火にかけてひと煮立ちさせる。

＼ シャキシャキの歯ごたえと香りを楽しむ ／

大根とささみの木の芽味噌和え

大根	50g	〈和え衣〉	
ささみ	30g	木の芽味噌	15g
		基本の出汁(P.25)	小さじ1
		薄口醤油	少々

1 大根は拍子木切りにする。

2 鍋に分量外の水と酒(1:1)と塩少々を入れて沸かし、ささみを3〜4分煮る。水気をふき取り、粗熱が取れたらほぐす。

3 ボウルに和え衣の材料を入れて混ぜ、大根とささみを加えて和える。

3章

野菜の副菜
いつでもおいしい

副菜とは、主に野菜やきのこ、海藻を使ったおかずのことで、
献立の中に2品取り入れるのが理想的です。
おひたしや和え物などのさっぱりとしたものから、
卵焼き、グラタンなど食べ応えのあるものまで。
主菜に合わせて、作りやすいレシピを厳選しました。

野菜の旬を知る

野菜にはそれぞれ"旬"の季節があります。
旬の野菜はそうでない時期のものより、味や香り、食感がよく、
見た目もハリがあり色鮮やかです。
ぜひ、献立に取り入れて食卓で四季を感じてください。

春キャベツのからし和え
（P.118）

春野菜

厳しい冬を越えて旬を迎えた春野菜は栄養が豊富で、ほのかな苦みなど独特の風味を持つものが多くあります。また、「新〇〇〇〇」「春〇〇〇〇」と呼ばれる野菜は、他の時期のものよりみずみずしく甘みが感じられるのが特徴です。やわらかい皮ごと調理したり、生で食べたり、旬ならではの調理法でいただきましょう。

【主な春野菜】
新じゃがいも、新玉ねぎ、春キャベツ、春にんじん、アスパラガス、セロリ、たけのこ、菜の花、木の芽……など

タコとゴーヤの酢味噌和え
（P.86）

夏野菜

太陽をたくさん浴びて育った夏野菜は、赤・黄・緑など鮮やかな色彩が特徴です。体にこもった熱を冷ましたり、熱さで衰えがちな食欲を刺激したりする作用があります。調理の際は、食感や色を生かすため加熱のしすぎに注意。トマトやきゅうりなど生で食べられるものも多いので、献立に手軽にプラスできるのがうれしいです。

【主な春野菜】
トマト、きゅうり、レタス、ナス、ピーマン、ズッキーニ、オクラ、ゴーヤ、とうもろこし、枝豆……など

秋野菜には、食物繊維の豊富な根菜やきの
こ、エネルギー源になるいも類が多く含まれ
ます。冬に向けて体の調子を整えて、体力
を蓄えるのにうってつけです。夏の野菜に
比べて水分が少なく味が濃厚なので、シン
プルな味つけでいただくのがオススメ。ま
た、加熱で甘みが増すので、煮物、素焼き、
素揚げなどの調理に向いています。

【主な春野菜】
かぼちゃ、れんこん、さつまいも、里いも、ごぼ
う、秋ナス、しいたけ、ぶなしめじ、まいたけ
……など

秋野菜

ナスとかぼちゃの揚げびたし
(P.94)

冬野菜は、寒さで凍ってしまわないように糖
分を蓄えているため、甘みの強いものが多
いです。さらに、体調を崩しやすい時期に
うれしい免疫力を高める効果の他、年末年
始の外食続きで疲れた胃腸を労わる作用も。
煮こみや鍋、グラタンなど、寒い時期に食べ
たくなる料理と相性がよいので、意識的に取
り入れてみてください。

【主な春野菜】
カブ、白ねぎ、白菜、大根、春菊、ほうれん草、
水菜、小松菜、ブロッコリー……など

冬野菜

白ねぎグラタン 白味噌仕立て
(P.92)

鮮やかな緑と食感を楽しむ

小松菜とえのきのおひたし

和食の副菜の定番と言えるおひたし。
調理工程はシンプルですが、丁寧に作業することで見た目も味もワンランク上に仕上がります。

2人分

小松菜	100g
油揚げ	10g
えのき	40g
〈ひたし地〉	
基本の出汁(P.25)	180㎖
薄口醤油	大さじ1
濃口醤油	小さじ1
みりん	大さじ1

ヒフミポイント

一 たっぷりの水に塩を入れて沸かし茹でる

水に塩を入れて沸かすと、お湯の温度が高くなり、素早く野菜に火を入れることができます。また、塩には緑色の色素を安定させる作用もあるため、色鮮やかに茹で上がるのです。

二 油揚げは油抜きをする

油揚げは熱湯にさらして油抜きをすることで、味が染みこみやすくなります。おひたしなど、油揚げの中に味を含ませたい料理の場合には、ぜひ行ってほしい下ごしらえです。

三 ひたし地を冷ましてから合わせる

熱々のひたし地に小松菜を入れると、せっかくのきれいな緑色が損なわれてしまいます。ひたし地に具材を合わせるのは、粗熱がとれてからと覚えておきましょう。

小松菜は茎が太いので、葉も同時に湯に入れると茹ですぎてしまいます。

箸で油揚げを挟んで、熱湯の中で何度か往復させる程度でOKです。

1　小松菜を茹でる

鍋に水と塩（分量外）を入れて沸かし、小松菜を茎から入れて30秒ほどたったら葉もひたしてさらに30秒茹でる。すぐに冷水に取る。

2　小松菜を切る

冷水から取り出してよく水気を絞り、3cm幅に切る。

3　油揚げの油抜きをする

油揚げは、熱湯にさらして余分な油を抜く。

繋がっている根元は、全体に軽く箸を通すときれいにほぐれます。

具材の風味や色を引き立てる薄口醤油をベースに、濃口醤油で香りをプラスします。

4　油揚げを切る

ザルにあげて水気を切り、5mm幅に切る。

5　えのきを切る

えのきは石づきを取り、3cmの長さに切ってほぐす。

6　ひたし地と合わせる①

鍋にひたし地の材料を入れ、ひと煮立ちしたら火を止める。油揚げとえのきを加える。

数回に分けて積み上げるように盛ることを杉盛りと言います。和え物などを盛るときの基本の形です。

7　ひたし地と合わせる②

粗熱が取れたら小松菜を加える。

8　盛りつける

器に盛りつける。

なめらかな豆腐とまろやかな練りごまの風味が、色鮮やかな具材をやさしく包みます。
老若男女に愛される、覚えておきたい一皿です。

2人分		
にんじん	50g
こんにゃく	50g
しいたけ	2枚
ほうれん草	⅓束
もめん豆腐	300g
〈下味〉	
基本の出汁(P.25)	300㎖
薄口醤油	20㎖
みりん	20㎖
〈和え衣〉	
練りごま	大さじ1
薄口醤油	小さじ2
みりん	小さじ1
砂糖	小さじ1

ヒフミポイント

一 豆腐はきちんと水切りする

時間の目安は30分〜1時間。豆腐を持ち上げたときに割れる
くらい、しっかりと水切りすることで、味がぼやけず食感もなめ
らかになります。

二 ほうれん草は茹ですぎ注意

ほうれん草の茎は、細くて中が空洞になっているのですぐに火
が通ります。茎から葉の順番で10秒ずつ程度熱湯につけた
ら、素早く取り出して冷水につけましょう。

三 具材に下味をつける

和え衣はやさしい味つけなので、具材に下味をつけて全体を
引き締めます。ほうれん草以外を調味料で煮てから、冷まして
味を含ませることが大切です。

1 豆腐の水切りをする

豆腐はキッチンペーパーで包み、重しをして30分水切りする。

2 にんじんを切る

にんじんは皮をむいて拍子木切りにする。

こんにゃくを茹でるのは、火を通す目的の他に独特のくさみを取る効果があります。

3 こんにゃくの下処理をする

こんにゃくはにんじんと同じ大きさに切り、熱湯にくぐらせる。

4 ほうれん草を茹でる

鍋に熱湯を沸かし、ほうれん草を茎から入れて10秒ほどたったら葉もひたしてさらに10秒茹でる。すぐに冷水に取る。

5 ほうれん草を切る

冷水から取り出してよく水気を絞り、3cm幅に切る。

6 しいたけを切る

しいたけは石づきを取って薄切りにする。

ほうれん草の色や食感をキープするため、粗熱がとれてから合わせるのがポイントです。

7 下味をつける

鍋に下味の材料とにんじん、こんにゃく、しいたけを入れて10分煮る。火を止め、粗熱が取れたらほうれん草を加える。

8 豆腐をすり潰す

あたり鉢で豆腐をすり、和え衣の材料を加えて混ぜる。

9 仕上げて盛りつける

汁気を切った7を加えて和え、器に盛りつける。

ほのかな苦みが後をひく
夏の楽しみ

タコとゴーヤの
酢味噌和え

酢味噌がゴーヤの苦みを和らげて、クセになる味わいに。
タコのこりこりとした食感も楽しい、夏にぴったりのさわやかな和え物です。

2人分

茹でタコ	——	100g
ナス	——	2本
ゴーヤ	——	⅓本
すだち	——	2個
A	白味噌 ——	大さじ2
	からし ——	小さじ1
	薄口醤油 ——	少々

ヒフミポイント

一 ナスの加熱は皮目から

ナスの皮は色が変わりやすいので、先に素早く火を通して色落ちを防ぐことが大切です。茹でるときだけでなく、焼いたり揚げたりする場合も同様に気をつけましょう。

二 湯通ししてゴーヤの苦みを抑える

ゴーヤの苦み成分は水に溶けやすいので、茹でると苦みがおだやかになります。好みによりますが、ゴーヤ本来の風味や食感を生かすため、サッと湯通しする程度がオススメです。

三 すだちの酸味でさわやかに

通常の酢味噌は酢と味噌を合わせますが、このレシピでは酢の代わりに酸味としてすだちの搾り汁を使います。同じ夏が旬の作物どうし、ゴーヤやナスとの相性もいいです。

1 ナスを切る

ナスはヘタを切り、縦半分に切る。

2 ナスを茹でる①

鍋に熱湯を沸かし、ナスの皮目を下にして3分茹でる。

3 ナスを茹でる②

皮目に火が通ったら、裏返して全体に火を通す。

水に取ると水っぽくなってしまうので、ザルの上で冷ましましょう。

4 ナスを切る

ナスの皮目を上にしてザルにあげ、粗熱が取れたら1㎝幅の斜め切りにする。

ゴーヤの苦みが苦手な場合は、少し長めに茹でてみてください。

5 ゴーヤの下処理をする

ゴーヤはスプーンなどで種を取り、1㎝弱の幅に切って熱湯で3〜4分茹でる。

6 タコを切る

タコは5㎜幅程度の食べやすい大きさに切る。

7 和える

ボウルにすだちの搾り汁とAを入れて混ぜ、ナス、ゴーヤ、タコを加えて和える。

8 盛りつける

器に盛りつけ、すだちの皮を削りかける。

なめらかでクリーミーな
食べ心地

豆乳茶碗蒸し

豆乳の風味が出汁のように香り、あっさりとした餡が口当たりをいっそうなめらかにしてくれます。
長いもの食感もポイントです。

2人分		
卵	2個
豆乳	300㎖
薄口醤油	小さじ2
カニ身(缶詰)	適量
長いも	2㎝
生姜	適量
〈餡〉	
基本の出汁(P.25)	140㎖
薄口醤油	小さじ2
みりん	小さじ2
〈水溶きくず粉〉	
水	大さじ1
くず粉	15g

一 出汁のかわりに豆乳を使う

一般的な茶碗蒸しは卵と出汁で作りますが、このレシピでは
出汁のかわりに豆乳を使います。大豆の風味がふわりと香る、
なめらかでクリーミーな仕上がりです。

二 卵液をこしてなめらかに

卵液はザルでこして、混ざりきらなかった卵白やカラザをとり
除きます。なめらかな口当たりと美しい見た目のために、大切
なひと手間です。

三 弱火でじっくりと蒸す

茶碗蒸しの失敗でよくあるのは、表面に"す"が入ってしまうこ
と。蒸し器内の温度の上がりすぎが原因なので、あせらず弱
火でじっくりと加熱してください。

時間があれば卵液を10〜15分休ませると、蒸したときに固まりやすくなります。

1 卵液を作る

ボウルに卵を割り入れて切るように溶き、豆乳と薄口醤油を加えてザルでこす。

2 長いもをたたく

長いもは皮をむき、包丁の背でたたいて細かくする。

3 生姜をおろす

生姜は皮をむき、おろし金でおろして搾り汁を残しておく。

4 餡を作る

鍋に餡の材料を入れて火にかけ、沸いたら水溶きくず粉を加えてとろみをつける。

卵液の表面の気泡は、ライターなどの火を近づけると消えます。

5 蒸す①

蒸し器に水（分量外）を入れて沸騰させる。器に卵液をゆっくりと注ぎ、蒸気の上がった蒸し器に入れる。

器をゆらして均等にゆれたら蒸しあがりのサインです。

6 蒸す②

蓋をして強火で1分蒸し、弱火にして10分蒸す。

※蒸し器が熱い時はふきんなどを使用し、火傷に注意してください。

7 盛りつける

茶碗蒸しに餡をかけ、長いもとカニ身をのせて生姜のしぼり汁をかける。

色鮮やかなトマト餡で
いただく

とうもろこしの
出汁巻き卵

とうもろこしと豆乳で作る、ふわふわの出汁巻き卵。
さっぱりとしたトマト餡とたっぷりのせた青じそが、甘い卵焼きと絶妙にマッチします。

2人分		
とうもろこし	—	150g
豆乳	—	50mℓ
卵	—	4個
トマト	—	1個
青じそ	—	10枚
薄口醤油	—	小さじ1
A　基本の出汁(P.25)	—	250mℓ
酒	—	小さじ1
薄口醤油	—	小さじ1
みりん	—	小さじ1
塩	—	小さじ⅓
〈水溶きくず粉〉		
水	—	大さじ1と½
くず粉	—	20g

ヒ フ ミ ポ イ ン ト

一　出汁のかわりに豆乳を使う

出汁のかわりに豆乳を卵に混ぜることで、砂糖とは違ったやさ
しい甘さとうまみが加わります。出汁より香りが控えめなので、
とうもろこしと卵の味もより強く感じられます。

二　薄口醤油できれいな黄色に

卵やとうもろこし、トマトが持つ美しい色や素材の味を生かす
ため、出汁巻き卵とトマト餡には薄口醤油を使います。見た目
や香りも、料理の味わいを決める大切な要素です。

三　焼く工程はスピード勝負

卵を焼くときは、強火で手早く作業するのがコツです。弱火で
ゆっくり加熱すると卵と油が混ざり、焦げやすくなったり、卵焼き
器にくっつきやすくなります。

1 卵液を作る①

とうもろこしの実を包丁でそぎ取るように外す。ミキサーに豆乳ととうもろこしの実を入れ、なめらかになるまでかくはんする。

2 卵液を作る②

ボウルに卵を割って切るようにほぐし、1と薄口醤油を加えてよく混ぜる。

3 青じそを切る

青じそは千切りにする。

トマトは最後に入れて、香りと食感を残します。

4 トマトの湯むきをする

トマトはおしりに浅く十字に切りこみを入れ、熱湯に20秒ほどひたす。皮がめくれてきたら冷水に取り、皮をむいてヘタを取ったら、粗く刻む。

5 トマト餡を作る

鍋にAを入れて沸かし、水溶きくず粉を加えてとろみをつけてトマトを加える。

6 卵焼きを作る①

卵焼き器に米油（分量外）を入れて強火で熱し、卵液を流し入れて奥から手前に巻く。

7 卵焼きを作る②

手前に巻いた卵を奥に寄せ、手前に卵液を流し入れる。巻いた卵を少し持ち上げて、下にも卵液をいきわたらせる。6と7を繰り返す。

8 卵焼きを作る③

卵焼きを巻きすで巻いて形を整え、粗熱を取る。

9 盛りつける

卵焼きを切り分けて器に盛りつけ、トマト餡をかけて青じそを添える。

ふっくらと焼けた白ねぎは甘みがあって、白味噌のコクを感じるホワイトソースとよく合います。
ひと口で体が温まる、冬にうれしい一皿です。

2人分

小麦粉	30g
白ねぎ	1本
エリンギ	1パック
バター	30g
豆乳	200㎖
白味噌	50㎖
塩	小さじ¼
薄口醤油	少々
胡椒	少々

ヒフミポイント

一 小麦粉はふるってから使う

ふるっていない小麦粉を使うと、ホワイトソースのダマの原因に。ふるいにかけることで粉のかたまりを取り除き、空気を含ませて粉どうしがくっつくのを防ぎます。

二 小麦粉をしっかり加熱する

バターで小麦粉をしっかり炒めて、粉くささをなくすことが大切です。香ばしいクッキーのようなにおいが香ってくるまで、よく加熱しましょう。

三 豆乳を加えるときは弱火で

豆乳は熱を加えると分離しやすいので、必ず弱火で調理します。焦げないように絶えずかき混ぜながら少しずつ加えていき、鍋底が見えるくらいのとろみがつけばOKです。

1 小麦粉をふるう

小麦粉を粉ふるいや目の細かいザルでふるう。

2 野菜を切る

白ねぎは2cmの筒切り、エリンギは食べやすい大きさに切る。

3 ホワイトソースを作る①

フライパンにバターを入れて弱火にかけて溶かし、小麦粉を加える。

4 ホワイトソースを作る②

豆乳を少しずつ加え、よく混ぜながらのばしていく。

5 ホワイトソースを作る③

白味噌と塩を加え、薄口醤油で味をととのえる。

6 野菜を焼く

別のフライパンに米油（分量外）をひき、白ねぎとエリンギを入れて胡椒を振り、焼き目がつくまで焼く。

7 グラタンを焼く①

オーブン使用可能な器に6を入れ、ホワイトソースをかけて250℃のオーブンで10分焼く。

8 グラタンを焼く②

ホワイトソースの表面に焼き色がついたら取り出す。

出汁と野菜のうまみを味わう

ナスとかぼちゃの揚げびたし

2人分	
ナス	2本
かぼちゃ	1/8個
いんげん	4本
みょうが	1個
米油	適量
〈ひたし地〉	
基本の出汁(P.25)	150mℓ
薄口醤油	50mℓ
みりん	大さじ2
酢	50mℓ

揚げ焼きしたナスはとろとろ、
かぼちゃはホクホクで甘みが引き立ちます。

ヒ フ ミ ポ イ ン ト

一 ナスはしま目に皮をむく

ナスの皮をピーラーで所々むいてしま目にすると、味が入りやすく見た目も涼しげです。

二 揚げ焼きは温度に注意

油の温度が高いと、火が通る前に焦げてしまいます。中火で甘さを引き出しながら焼き目をつけましょう。

三 熱いひたし地に漬ける

ひたし地が熱いうちに焼き立ての野菜を漬けこむことで、味が染みこみやすくなります。

ナスは所々皮をむくことで、味が染みこみやすくなります。

ひたし地を煮立たせるのは、温度を上げるためと酢の酸味を少し飛ばすためです。

1 野菜を切る

ナスはヘタを切り、皮をしま目にむいて2cmの斜め切りにする。かぼちゃは厚さ1cmに切る。いんげんは長さ5cmに切る。みょうがは小口切りにして水にさらす。

2 野菜を揚げ焼きにする

フライパンに底を覆うくらいの米油を入れて中火で熱し、ナス、かぼちゃ、いんげんを揚げ焼きにする。キッチンペーパーに取って余分な油を切る。

3 漬けこむ

鍋にひたし地の材料を入れてひと煮立ちさせたら火を止め、2を加えて漬ける。常温まで冷まして器に盛りつけ、水気を切ったみょうがをあしらう。

あたたかい汁物

心が安らぐ

4章

汁物は、出汁や調味料の種類、
具材の組み合わせや切り方で味わいが変わる、奥の深い料理です。
地域や家庭によって個性が出やすく、
故郷で食べる汁物になつかしさを感じる方も多いのではないでしょうか。
このレシピの中にも、心温まる味が見つかれば幸いです。

汁物の基本を知る

汁物を構成する要素は、出汁、具材、調味料の3つです。
その組み合わせを変えることで、シンプルな味噌汁をはじめ、
材料をすりおろして入れるすり流し汁、卵や肉を入れた食べ応えのあるものなど
バリエーションが広がります。

汁物の3つの要素

◎ 出汁

◎ 具材

◎ 調味料

汁物のベースとなる大切な出汁。一二三庵では、カツオ節と昆布の合わせ出汁を使いますが、具材がシンプルな場合は、うまみと香りの強い煮干し出汁を使うのもオススメです。

わかめなどの海藻類から野菜、肉や豆腐、卵までなんでもありです。すりおろしたり、ペースト状にしたりすると、同じ具材でも異なる食感や風味を楽しめます。

醤油は、出汁の香りや具材の色・味を生かすため、基本的に薄口です。味噌は米味噌・白味噌・麦味噌を汁物によって使い分けます。最後に味見をし、塩や醤油で味をととのえましょう。

出汁の香りと
味噌の風味を楽しむ

わかめと豆腐の味噌汁

はじめに作ってみてほしい、基本の味噌汁。
具材がシンプルだから、出汁の香りや味噌の味わいが感じられます。
汁は沸かさないのが鉄則です。

 2人分

豆腐	50g
わかめ	20g

※乾燥わかめは水で戻した後の分量

青ねぎ	適量
基本の出汁(P.25)	200㎖
米味噌	大さじ1弱
薄口醤油	少々

1 具材を切る

豆腐はさいの目切りにする。わかめは乾燥の場合、水にひたして戻す。青ねぎは小口切りにする。豆腐とわかめを器に入れる。

2 出汁を温める

鍋に基本の出汁を入れて火にかけ、全体からふわっと湯気が出るまで温める。沸騰しないように火加減を調整し、味噌を溶いて薄口醤油で味をととのえる。

3 盛りつける

1の器に2を注ぎ入れる。青ねぎを散らす。

体の芯から温まる冬のごちそう

粕汁

酒粕の芳醇な香りと、白味噌のまろやかさがたまらない粕汁。
豚肉や根菜をたっぷりと入れて、うまみたっぷり、栄養満点です。

2人分

大根	3cm
にんじん	5cm
ごぼう	⅓本
豚バラ肉	150g
こんにゃく	90g
せり	⅓束
基本の出汁(P.25)	1ℓ
酒粕	80g
白味噌	20g
薄口醤油	少々
酒	少々

ヒフミポイント

一 ごぼうはアク抜きしない

このレシピではごぼうの風味を生かすために、アク抜きはせず
にそのまま調理します。別の料理でごぼうを白く仕上げたい
場合などは、アク抜きをすると変色を抑えられます。

二 こんにゃくはちぎる

こんにゃくは包丁で切るのではなく、手やスプーンで小さくちぎ
りましょう。包丁で切るよりも切り口の表面に凹凸ができて、汁
の味がのりやすくなります。

三 たっぷり作る

できたてはもちろんおいしいですが、翌日には具材に味が染み
こみ、麹の香りがやわらかくなるのでお子様も食べやすいお味
に。大きな鍋でたっぷり作って、味や香りの変化を楽しんでみ
てください。

泥つきのごぼうの場合は、たわしでよく洗ってから調理しましょう。

熱湯にくぐらせることで、こんにゃく特有のくさみを取り除きます。

1 具材を切る①

大根とにんじんは皮をむいて乱切りにする。

2 具材を切る②

ごぼうは小さ目の乱切りにし、軽く水にさらして水気を切る。

3 具材を切る③

こんにゃくは小さくちぎって熱湯にくぐらせる。

4 具材を切る④

せりは2cm幅に切る。

5 具材を切る⑤

豚肉は4cm幅に切る。

6 煮る

鍋に基本の出汁とせり以外の具材を入れて火にかけ、アクを取る。

7 味つけをする

具材に火が通ったら、酒粕と白味噌を加え、薄口醤油と酒で味をととのえる。

8 盛りつける

器に盛りつけ、せりをのせる。

ほっこりやさしいお味で
胃腸を労わる

豚肉のみぞれ汁

大根には消化を助ける作用があるため、胃腸がお疲れ気味のときには特にオススメのお椀です。
やさしい味わいで心も体も安らぎます。

2人分

豚バラ肉	100g
大根（すりおろす）	150g
大根	1cm
にんじん	4cm
青ねぎ	2本
生姜	20g
黒胡椒	少々
基本の出汁(P.25)	250mℓ
A 薄口醤油	大さじ1
酒	少々

ヒフミポイント

一 大根おろしに味を含ませる

大根おろしがお出汁や調味料を含んで、自然なとろみのついた餡のような仕上がりに。大き目に切った具材とよくからみ、煮物のようにいただけます。

二 大根おろしは煮すぎない

大根おろしは、煮すぎると特有の辛みや香りが飛んでしまいます。具材にしっかりと火が通ってから、最後に鍋に加えて温まったら火を止めましょう。

三 肉を魚にかえてアレンジも

具材の豚肉を旬の魚にかえてもおいしくいただけます。特に、アジやサバなどの青魚が大根おろしの風味と相性がよくてオススメです。

1 具材を切る①

豚肉は3㎝幅に切る。

2 具材を切る②

大根は皮をむき、150gをおろし金でおろしてキッチンペーパーで適度に水気を切る。残りはいちょう切りにする。

3 具材を切る③

にんじんは5㎜幅の輪切りにする。

4 具材を切る④

青ねぎは小口切りにする。

5 生姜をおろす

生姜は皮をむき、おろし金でおろして搾り汁を残しておく。

6 味つけをする

鍋に基本の出汁といちょう切りの大根とにんじんを入れ、火が通ったらAを加える。

黒胡椒の刺激で、味を引き締めます。

7 煮る

豚肉を入れて火が通ったら、大根おろしを加えて火を止める。

8 盛りつける

器に盛りつけ、青ねぎを添えて生姜の搾り汁をかけ、黒胡椒を振る。

華やかな黄色が
食卓に彩りを添える

かき玉とオクラのお吸い物

具材は卵とオクラのみ、香り豊かな出汁と薄口醤油、酒でシンプルに味つけしました。
かき玉のふわふわ食感を存分に味わってください。

（2人分）

卵	2個
オクラ	4本
基本の出汁（P.25）	300mℓ
薄口醤油	大さじ1弱
酒	小さじ1

ヒフミポイント

一　卵は切るように混ぜる

卵を溶きほぐすときは、ボウルの底に箸をつけて切るように混ぜましょう。白身が切れて、素早く均一に混ざり、かき玉にしたときの食感や見た目がよくなります。

二　鍋の中央から卵を流し入れる

卵をふわふわに仕上げるのに大切なのは、沸騰直前まで温度を上げ、鍋の中央からゆっくり注ぎ入れること。汁の温度は鍋肌に近い方が高いので、卵が自然に広がり固まります。

三　鍋に卵を入れたらかき混ぜない

卵を入れてすぐにかき混ぜてしまうと、汁と混ざってどろどろに……。卵を入れたら火が通るまでそのまま放置し、卵を切り分けるように器に注ぎましょう。

産毛をやわらかくすると、
火の通りが均一になります。

1 卵を溶く

ボウルに卵を割り入れて溶きほぐす。

2 オクラの下処理をする

オクラは塩でこすって産毛をやわらかくする。熱湯で10秒ほど茹で、水をはったボウルに入れる。水気を切って1cm幅に切る。

3 味つけをする

鍋に基本の出汁を入れて火にかけ、薄口醤油と酒を加える。

4 かき玉を作る

沸騰直前まで加熱し、鍋の中央から溶き卵をゆっくり注ぎ入れる。

5 盛りつける①

固まった卵をお玉ですくって盛りつける。

6 盛りつける②

汁を注ぎ、オクラをのせる。

＼ カブの甘みとなめらかな
口当たりに癒やされる ／

カブのとろーりすり流し

すり流し汁とは、魚介類や野菜をすりつぶして出汁でのばした汁物のこと。
カブの自然な甘みにバターのコクをプラスしました。

2人分

カブ	2個
バター	大さじ½
ぶぶあられ	適宜
基本の出汁(P.25)	400㎖
白味噌	大さじ1
塩	少々
酒	少々
薄口醤油	少々

ヒ フ ミ ポ イ ン ト

一 じっくり加熱する

カブはよく加熱することで、甘みとうまみがより感じられます。表面が透き通るまで炒め、出汁で煮詰めてうまみを含ませる工程がおいしさの秘訣です。

二 バターで炒める

和食でバターを使うのは少しめずらしいですが、動物性の油のコクがカブの甘みと相性抜群。ポタージュのような少し洋風な仕上がりです。

三 白味噌でよりまろやかに

味つけには、すり流し汁でよく使われる薄口醤油と塩に加えて、バターとよく合う白味噌も使いました。深みのあるまろやかさがプラスされて、よりやさしい味わいになります。

カブの皮を厚めにむくと、仕上
がりがよりなめらかになります。

1 カブを切る

カブは皮をむいて、ひと口大に切る。

2 カブを炒める

鍋を火にかけてバターを加え、カブ
を表面が軽く透き通るまで炒める。

3 煮る

基本の出汁を加えて、1/3程度にな
るまで煮詰める。

4 ミキサーにかける

3と白味噌をミキサーに入れて、な
めらかになるまでかくはんする。

5 味つけをする

鍋に移し、塩で味をととのえて酒、
薄口醤油を加える。

6 盛りつける

器に盛りつけ、ぶぶあられを入れる。

ひ・と・く・ち・コ・ラ・ム

すり流しの由来

すり流しは、今はミキサーを使って簡単に作ることができますが、
昔はあたり鉢で食材をすり潰し、裏漉しをしていたことから、この名
になったとされています。さまざまな素材をそのまま味わうことができ、
より本来の風味を楽しむことができる調理方法です。

アボカドと出汁の
新鮮な出会い

アボカドときゅうりの椀

クリーミーなアボカドとさわやかなきゅうり、青じそが香る吸い地に、
焼いたアジの香ばしさがよく合います。

2人分	
アジ（中）	1匹
片栗粉	適量
アボカド	30g
きゅうり	100g
青じそ	3枚
みょうが	1本
花穂	適宜
基本の出汁（P.25）	250ml
塩	適量

ヒフミポイント

一　アボカドで新鮮なおいしさに

冷や汁から着想を得たこのレシピ。アジの香ばしい味わいと
きゅうりのさわやかさはそのままに、アボカドを加えてまろやか
な味わいに仕上げました。素材の風味を生かすため、味つけ
は塩だけです。

二　アジの切り身は身から焼く

魚の切り身を皮目から焼いてしまうと、皮が縮んで身が反り返
り、見た目があまり美しくありません。身を先に焼いて固めると、
形を崩さずに焼き上げることができます。

三　冷やしてよりさっぱりと

夏には汁を冷やしていただいてもおいしいです。まろやかな
口当たりはそのままに、きゅうりや青じそのさわやかさと、みょう
がの香りが一層引き立ちます。

割りばしにキッチンペーパーを巻いたものでこすると落ちやすいです。

1 アジの下処理をする①

アジはうろことぜいごをとり除く。

2 アジの下処理をする②

頭を落として腹に包丁を入れ、内臓を取り出して中を水でよく洗う。

3 アジの下処理をする③

大名おろしにする。頭の方から包丁を入れ、中骨に沿って切る。裏返しにして同様に切る。

4 アジの下処理をする④

腹骨の右側から包丁を当てて骨を立たせ、骨をすくい取るように薄くそぎ取る。

5 アジの下処理をする⑤

頭側から骨抜きで中骨を斜め上方向に抜く。指の腹で身を撫で、中骨を探しながらすべて抜く。

6 アジの下処理をする⑤

アジをバットに並べ、塩と胡椒（共に分量外）をして30分置く。出てきた水分はふき取る。別のバットで片栗粉をまぶし、ハケではたいて薄づきにする。

7 焼く

フライパンに米油（分量外）をひき、アジを両面に焼き目がつくまで焼く。

8 野菜をミキサーにかける

ミキサーに適当な大きさに切ったアボカド、きゅうり、青じそ、出汁を入れてかくはんする。鍋に移して火にかけ、塩で味をととのえる。

9 盛りつけ

器に盛りつけ、アジ、小口切りにして水にさらしたみょうが、花穂をあしらう。

ふんわり卵の雑炊

おいしいお出汁があれば、
忙しいときでも心とお腹が満たされる一品がササッと作れます。
卵の雑炊は、店主と女将がお昼に食べるまかないごはん。
やさしい味でさらさらといただけるので、胃腸がお疲れ気味のときにもオススメです。
お好みで鶏肉を加えても◎。

2人分

基本の出汁(P.25)	300mℓ
薄口醤油	大さじ1
塩	ひとつまみ
ごはん	茶碗1杯分
卵	2個
青ねぎ	適宜

1 出汁を沸かす

鍋に出汁、薄口醤油、塩を入れ、火にかけて沸騰させる。

2 ごはんを洗う

ごはんをザルに入れて流水で洗い、よく水気を切る。1に加えて再度沸騰させる。

3 仕上げる

ボウルに卵を溶きほぐし、鍋全体にゆっくりと回し入れる。器に盛りつけて、お好みで刻んだ青ねぎを添える。

四季のおもてなし献立

年中行事を食卓で楽しむ

5章

遠い昔、人々が豊作や健康を願い、
祈りと感謝をささげたことから生まれた年中行事の数々。
神様にごちそうをお供えし同じものを食べたことから、
行事と食事は結びつきが強く、その習わしは現代にも受け継がれてきました。
ここでは、四季の行事で振舞いたいちょっと特別な献立を紹介します。

日本の主な年中行事

年中行事の多くは中国から伝わり、独自の発展を遂げてきました。
代表的な五節句「人日」「上巳」「端午」「七夕」「重陽」をはじめとした、
主な四季の行事をおさらいしましょう。
各行事の成り立ちも以降のページで詳しく紹介しています。

※時期は地域によって異なる場合があります。

春の行事		
2月3日	節分	農耕が生活の中心だった時代には、大豆に穀物の霊が宿っていると信じられ、その霊力で鬼を追い払う「豆まき」の風習が生まれました。⇒P.140
3月3日	上巳の節句（ひな祭り）	ひな人形を飾る女の子のお祭りとして広まりましたが、元は厄を祓う儀式。魔除けの力があるとされる桃の花を供える習慣は今も残っています。⇒P.140
3〜4月	花見	桜を鑑賞するために野山へでかける春の行楽、花見。現在は娯楽として行われていますが、はじまりは神様にお供えものをし、豊作を願う行事でした。⇒P.119

夏の行事		
5月5日	端午の節句（こどもの日）	現在は鯉のぼりを飾る男の子のお祭りとして親しまれていますが、はじまりは薬草を摘み、その強い香りで邪気を祓う儀式でした。⇒P.141
7月7日	七夕	中国から伝わった織姫と彦星の伝説と、日本古来の風習が合わさり、現在の七夕が生まれました。本来は秋の行事で「七夕」は秋の季語です。⇒P.125
8月	夕涼み	夏の暑さを避けるために、涼しさや過ごしやすさを工夫してつくり出し味わう行事。浴衣を着て花火を見るのも、現代の夕涼みのひとつです。⇒P.141
主な関東地域 7月13日〜16日 主な関西地域 8月13日〜16日	お盆	ご先祖様の魂が子孫のもとにお帰りになる日。地域や家々によって違いはありますが、ご先祖様の魂をおなぐさめしお迎えする行事です。⇒P.141

秋の行事		
9月9日	重陽の節句 (菊の節句)	中国から伝わった陰陽五行説で最高の数字とされる「9」が重なるこの日は、非常によろこばしい日として長寿を祈る日とされました。⇒P.142
9〜10月	月見	日本では昔から月を神聖視しており、月を愛でる風習は縄文時代からあったと言われます。ススキや月見団子をお供えする風習があります。⇒P.131
10〜11月	もみじ狩り	山々を彩るもみじを鑑賞して楽しむ行事。その美しさは昔から人々を魅了し、万葉集にはもみじの歌が百十八首も詠まれています。⇒P.142
11月23日	新嘗祭	天皇陛下がお米などの新穀を神様に供え、収穫を祝い感謝するお祭り。現在は勤労感謝の日ですが、実りに感謝する意味は変わりません。⇒P.142

冬の行事		
12月13日	年用意	お正月の準備にとりかかる日。1年の汚れを清める煤払い(大掃除)や、門松などに使う松を取りにいく松迎えが行われました。⇒P.143
12月22日頃	冬至	1年の中で最も夜が長い日です。この日から昼の時間が長くなっていくため、状況が好転すると考えられ、縁起のいい日とされています。⇒P.143
1月1日	正月	「1年の計は元旦にあり」というほど、日本で最も大切な行事です。門松を飾り、その年の神様をお迎えして1年の幸せや健康を願います。⇒P.139
1月7日	人日の節句 (若菜の節句)	年のはじめに年中の無病息災を祈る行事です。現代では正月のごちそうで疲れた胃を休めるために、七草粥をいただく風習があります。⇒P.143

料理を彩る器の選び方

器は料理の味や香り、盛りつけなどを引き立てる大切な要素です。
特に行事などの特別な日には、素敵な器でおもてなししたいですよね。
器を選ぶ際のポイントは「季節感」と料理に合った「種類」です。

季節感

心地よく感じる質感や色合いが重要です。

春夏

気温の高い季節には、白磁や青磁、染付、ガラスなどの涼しげな素材がぴったりです。白や透明感のある素材が涼を感じさせてくれます。

秋冬

煮こみ料理などが多くなる秋冬には、風合いのある土物や彩りを加える色絵を。深い色合いで見た目からも温かみを感じられます。

種類

お料理に合った形や大きさの器を選びましょう。

中皿、平皿
21〜24cm程度

和食で最も出番の多い器。主菜を盛りつけるのに最適です。

銘々皿
15〜18cm程度

取り皿として使う器。汁気のある料理には、深めのものを選びます。

中鉢、小鉢
18cm程度

中鉢は煮物やお造りに。小鉢は一品料理や漬物に重宝します。

小皿、豆皿
12cm程度

料理の取り皿や、お菓子のお皿としても使えます。

飯碗

ごはんをよそう器。飯碗は自分のためだけに選ぶという、和食器の独特な風習があります。

汁椀

汁物の器。手に持っていただくため、熱が伝わりにくく手になじむ大きさがオススメです。

その他にあるとよいもの

箸置き、湯呑、大皿、大鉢……など

美しい盛りつけのコツ

素敵な器を選んだら、次は盛りつけです。
和食で大切な五覚(感)の一つ、視覚を刺激し料理への期待感を高めます。
料理の特徴に合わせた美しい盛りつけをマスターしましょう。

魚

一匹の場合は頭を左に、腹を手前にして
盛ります。切り身の場合は皮を表側にします
(ウナギやアナゴなどは身側を表にします)。

和え物、おひたし

杉の木の形に似せて円錐形に盛りつけ
る「杉盛り」が基本。なるべく具材がすべ
て見えるように整えます。

混ぜ盛り

色や形の違う食材や料理を、一つの皿
に盛りつけます。杉盛りをベースに、小
高くなるように盛るのがコツです。

刺身、煮物 など

器の7割に料理を盛り、
3割は余白にするのが
基本です。

寄せ盛り

器の中心に食材が寄り添うように盛りつ
けます。高さがあるものを奥にして盛る
のが、バランスよく仕上げるポイントです。

ごはん

ごはんは盛るではなくよそうと言います。
お茶碗の7〜8分目に2回に分けてよそ
います。

汁物

お椀の6〜7割程度に盛りつけます。具
沢山な場合は汁の量よりも具を多めに
盛り、具材がすべて見えるようにします。

花見

木の芽や春キャベツ、たけのこなど、
春ならではの食材をたっぷり味わえる献立です。
鮮やかな緑や黄色、ピンクといった色合いも意識して、
花見にふさわしい華やかな見た目に仕上げました。
食器は、温かみを感じさせる淡い色みで統一すると、
より一層春らしいです。

お品書

［先付］
春野菜サラダ

［椀物］
沢煮椀

［炊き物］
たけのこと鶏つみれの煮物

［和え物］
春キャベツのからし和え

［ごはん物］
菜の花ごはん

［デザート］
桜パフェ

【先付】

春野菜サラダ

旬の野菜を使って春爛漫を表現。
春を代表する香りの木の芽を使った木の芽酢と、
華やかな黄色が目を引く黄身酢の
2種類のソースがポイントです。

2人分

エビ	4本
スルメイカ	½杯
スナップえんどう	5本
芽キャベツ	3個
サラダほうれん草	1束
水菜	1束
にんじん	2cm
木の芽	適量

〈木の芽酢〉

木の芽		15枚
A	出汁	25mℓ
	薄口醤油	小さじ2
	酢	小さじ2
	みりん	小さじ1

〈黄身酢〉

卵黄	1個分
酢	小さじ2
砂糖	小さじ1
薄口醤油	少々

【スルメイカのさばき方】

エンペラ　　胴　　足

①水で洗い、胴に親指を入れて胴とワタのつなぎ目を
　はがし、足を持って引き離す。
②胴から軟骨をとり除き、胴の中を水できれいに洗う。
③エンペラを下方向に引いて皮をむく。残った皮はキ
　ッチンペーパーなどでやさしくこすってはがす。

1 エビの下ごしらえをする

節と節の間から竹串を刺し、背ワタをすくいゆっくりと引き出す。熱湯でしっぽが丸くなるまで茹で、殻をむく。

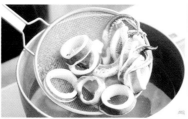

2 スルメイカの下ごしらえをする

水洗いして1cm幅に切り、熱湯で色が変わるまで茹でて水気を切る。

3 野菜を切る

スナップえんどうは茹でて斜め半分に切る。ほうれん草と芽キャベツは半分に、水菜は5cm幅に切る。にんじんは花びらの形にして薄く切る。

4 木の芽酢を作る

あたり鉢に木の芽を入れてすり潰したら、Aを加えて混ぜる。

5 黄身酢を作る

ボウルに黄身酢の材料を入れ、湯煎にかけながらとろみがつくまで練る。

6 盛りつける

器に1〜3を彩りよく盛りつけ、木の芽酢と黄身酢をかける。

【椀物】
沢煮椀

沢煮椀の"沢"の由来の一つに、
漁師が沢に流れる雪解け水で作った
というものがあります。
春の訪れと、具材のうまみを感じられる一椀です。

たけのこ（水煮）	20g
にんじん	15g
うど	4cm
しいたけ	1枚
ごぼう	20g
三つ葉	6本
豚バラ肉	40g
〈吸い地〉	
基本の出汁（P.25）	350mℓ
薄口醤油	20mℓ
酒	少々
塩	少々
黒胡椒	適量

1　具材を切る①

うど、たけのこ、にんじんは皮をむ
き、長さ4cmの千切りにする。

2　具材を切る②

しいたけは薄切り、ごぼうはささが
きにしてサッと水で洗う。

3　具材を切る③

三つ葉は4cm幅に切る。

4　具材を切る④

豚肉は5mm幅に切る。

5　煮る

鍋に吸い地の材料と三つ葉以外
の具材を入れ、具材に火が通るま
で煮る。

6　盛りつける

火を止めて器に盛りつけ、三つ葉
を添える。

【炊き物】
たけのこと鶏つみれの煮物

花見団子をイメージした鶏つみれと、
春にしか味わえないたけのこがたっぷり。
シャキシャキの歯ごたえと香りをお楽しみください。

2人分

たけのこ	小1本
よもぎ麩	4cm
百合根	6片
木の芽	適量
〈鶏つみれ〉	
白ねぎ	10g
生姜	5g
鶏ひき肉	60g
卵	大さじ½
小麦粉	大さじ½
片栗粉	大さじ½
酒	小さじ1
濃口醤油	小さじ1
〈煮汁〉	
基本の出汁(P.25)	240ml
薄口醤油	20ml
みりん	20ml
酒	少々
砂糖	小さじ½

【たけのこのアク抜き】

①穂先を斜めに切り落とし、切り口に垂直に1〜2cm
ほどの深さの切りこみを入れる。
②たけのこを鍋に入れ、ひたひたの水、米ぬか、唐
辛子を加えて中火〜強火にかける。
③沸いたら吹きこぼれない程度に火を弱め、落し蓋
をして1時間半ほど煮る。
④根元に竹串がすっと入ったら加熱完了。火を止
め、ゆで汁に入れたまま冷ましてから皮をむく。

1　具材を切る

たけのこは縦に十字に切る。よも
ぎ麩は1cm幅に切る。百合根は尖
った方にV字の切りこみを入れ、
熱湯で表面が透き通るまで茹でる。

2　鶏つみれを作る①

白ねぎと生姜はみじん切りにして
米油（分量外）で炒める。ボウル
に鶏つみれの材料を入れてよく混
ぜる。

3　鶏つみれを作る②

鍋に煮汁の材料を入れて火にか
け、沸いたら鶏つみれの生地をス
プーンで丸く形成して入れ、弱め
の中火で煮る。

4　煮る

鶏つくねに火が通ったら、たけのこ
を加えて10分ほど煮る。よもぎ麩
を加えてひと煮立ちさせて火を止
める。

5　盛りつける

器に盛りつけ、百合根と木の芽を
添える。

【和え物】
春キャベツの
からし和え

春キャベツは、他の時期のものよりやわらかく、
甘みが強いのが特徴です。
からしのピリッとした辛みが味を引き締め、
献立のアクセントになります。

2人分

春キャベツ	⅛玉
アスパラガス	2本
桜の塩漬け	12輪
〈合わせ調味料〉	
基本の出汁(P.25)	250㎖
薄口醤油	50㎖
酒	小さじ2
和からし	大さじ½

1 具材の下処理をする

春キャベツは3㎝角に切り、アスパラガスはかたい根元の
皮をむく。どちらも熱湯で色が鮮やかになるまで茹で、アス
パラは斜め切りにする。桜の塩漬けは水で塩を洗い流す。

2 和える

ボウルに合わせ調味料の材料を入れて混ぜる。春キャ
ベツとアスパラガスを加えて和える。

3 盛りつける

器に盛りつけ、桜の塩漬けを添える。

【ごはん物】
菜の花ごはん

作りやすい
分量

菜の花	6本
べったら漬け	150g
卵	1個
炊き立てごはん	2合

鮮やかな緑色の菜の花を混ぜこんだごはんに、
黄色い卵を散らして、菜の花畑を表現しました。
菜の花特有のほのかな苦みがくせになります。

1 具材の下ごしらえをする

菜の花は熱湯にサッとくぐらせてザルにあげ、粗熱を取
って細かく刻む。べったら漬けはあられ切りにする。

2 卵の下ごしらえをする

熱湯に酢少々(分量外)を加え、卵を入れて13分茹で
る。氷水に取って冷やす。殻をむいて白身と黄身に分
け、白身は細かく刻み、黄身は裏ごしして湯煎にかけて
細かい炒り卵(黄紛)を作る。

3 仕上げて盛りつける

ごはんに1と白身を入れて混ぜる。茶碗に盛りつけ、黄
粉をかける。

【デザート】
桜パフェ

旬のいちごと桜を使った人気のパフェ。
ミルキーな豆乳ゼリーと、
ピンク色のいちごソース＆桜寒天の組み合わせは、
思わずときめくおいしさです。

2人分

〈豆乳ゼリー〉
豆乳	100㎖
牛乳	200㎖
グラニュー糖	50g
ゼラチン	4g

　　　　※冷水でふやかす

〈いちごソース〉
いちご	5個(75g)
牛乳	30㎖
練乳	大さじ1/2
グラニュー糖	適宜

〈桜寒天〉
水	100㎖
粉寒天	1g
砂糖	10g
桜の塩漬け	3輪

　　　　※1時間ほど水につけて塩抜きする
食紅	適量

〈トッピング〉
あんこ	適宜
いちご	適宜

1 豆乳ゼリーを作る

鍋に豆乳、牛乳、グラニュー糖を入れて火にかけ、沸騰直前でゼラチンを加えて溶かす。火を止め、粗熱を取って型に流し入れ、冷蔵庫で1時間ほど冷やして固める。

2 いちごソースを作る

いちご、牛乳、練乳をミキサーにかけ、甘みが足りなければグラニュー糖を加える。

3 桜寒天を作る

桜の塩漬けを刻む。鍋に水と粉寒天を入れて火にかけ、沸いたら砂糖を加えて、溶けるまで混ぜたら火を止める。水（分量外）で溶いた食紅を加えて桜色にする。粗熱を取って桜の塩漬けを加え、型に流し入れて固まったら1㎝角に切る。

4 盛りつける

器に豆乳ゼリー、桜寒天の順に盛りつけ、お好みであんこといちごを添える。いちごソースをかける。

ひとくちコラム

花見のはじまり

古代より神が宿る木とされていた桜。桜が咲く時期はちょうど田植えがはじまる頃で、人々は山から農業の神が里に下りてくる知らせが桜の開花だと考えました。そこで、桜の木の下にお酒や食べ物を供え、そのお下がりを神様と一緒にいただく直会をしてその年の豊作を願ったのです。

夏

七夕

食欲が衰えやすい夏には、
酸味のきいたさっぱりとした味つけや
のど越しのよい料理がよろこばれます。
七夕らしい天の川や星をイメージした食材を使ったり、
織姫と彦星が逢うために天の川を渡る舟の「舵」と
同じ音の梶の葉を飾ったりすると、より一層風流です。

お品書

[先付]
枝豆豆腐

[椀物]
糸瓜とれんこんのお吸い物

[炊き物]
鶏とじゃがいものトマト煮

[和え物]
ホタテの柚子胡椒和え

[ごはん物]
ウナギのばら寿司

[デザート]
もものふるふるゼリー

【先付】
枝豆豆腐

色鮮やかな夏の枝豆を、
ひんやり感とつるんとしたのど越しが心地よい豆腐に。
ゼリーの透明感ときらめきが、目にも涼やかな一品です。

		2人分
枝豆		50g
長いも		100g
エビ		2尾
わさび		適量
花穂		適宜
A	基本の出汁 (P.25)	60mℓ
	薄口醤油	大さじ½
	みりん	大さじ½
	酒	少々
	ゼラチン	2g
	※冷水でふやかす	
B	基本の出汁	80mℓ
	酒	小さじ½
	薄口醤油	少々
	塩	少々
	ゼラチン	8g
	※冷水でふやかす	

1 ゼリーを作る

鍋にAを入れて火にかけ、ゼラチンが溶けたらバットなどに入れて粗熱を取る。冷蔵庫で1時間ほど冷やす。

2 エビと枝豆の下処理をする

エビは背ワタを取り、熱湯でしっぽが丸くなるまで茹でて殻をむく。枝豆は蒸し器で5分蒸し、粗熱を取ってさやから実を出す。

3 長いもの下処理をする

長いもは皮をむいて2/3をおろし金でおろし、残りを包丁の背でたたく。

4 枝豆豆腐を作る①

枝豆とBのゼラチン以外の材料をミキサーに入れ、なめらかになるまでかくはんする。

5 枝豆豆腐を作る②

鍋に4とすりおろした長いもを入れて火にかけ、ゼラチンを加えて溶かす。流し缶に入れて粗熱を取り、冷蔵庫で1時間冷やす。

6 盛りつける

5を食べやすい大きさに切って器に盛りつける。たたいた長いもとエビをのせ、細かくほぐした1をかけてわさびと花穂を添える。

【椀物】
糸瓜とれんこんの
お吸い物

湯がくとそうめんのようにほぐれる糸瓜の天の川に、
オクラの星がきらめきます。
梅干しの酸味で、
暑い日にもさっぱりといただける汁物です。

糸瓜		50g
れんこん		30g
オクラ		2本
梅干し		15g
基本の出汁(P.25)		300㎖
A	薄口醤油	大さじ½
	酒	小さじ½
塩		ひとつまみ

1 具材の下処理をする

糸瓜は厚めに皮をむき、水から15分茹でてほぐす。れんこんは皮をむいて3㎜幅に切る。オクラは塩で軽くもみ、水で洗って5㎜幅の輪切りにする。

2 味つけをする

鍋に基本の出汁と糸瓜、れんこん、梅干しを入れて火にかけ、Aを加える。塩で味をととのえる。

3 盛りつける

器に盛りつけ、オクラを散らす。

【炊き物】
鶏と
じゃがいもの
トマト煮

あっさりとした鶏肉と旬のトマトとししとうを使って、夏にぴったりの肉じゃがに。トマトのさわやかな酸味は、食欲増進に効果的です。

鶏もも肉		150g
トマト		1個
玉ねぎ		½個
じゃがいも		2個
ししとう		6本
A	基本の出汁(P.25)	250㎖
	濃口醤油	25㎖
	砂糖	大さじ1弱
	酒	大さじ1

1 鶏肉を焼く

フライパンに米油（分量外）をひき、鶏肉を皮目から焼く。両面に焼き目がついたら、食べやすい大きさに切る。

2 野菜を切る

トマトは乱切り、玉ねぎはくし切りにする。じゃがいもは水から15分茹で、皮をむいて6等分に切る。

3 煮る

鍋に米油（分量外）をひき、鶏肉、玉ねぎ、じゃがいもを入れて炒める。Aを加えて10分煮る。トマトとししとうを加えてひと煮立ちさせ、器に盛りつける。

【和え物】

ホタテの柚子胡椒和え

夏の大根のすっきりとした辛みが、
ホタテの甘みを引き立てます。
ピリッときかせた柚子胡椒の香りと刺激も、
味を引き締めるポイントです。

2人分

ホタテ（生食用）	2個
とうもろこし	⅓本
大根	150g
A　水	50㎖
酒	50㎖
B　基本の出汁(P.25)	小さじ1
薄口醤油	小さじ1
酢	小さじ1
柚子胡椒	小さじ1

1　ホタテを加熱する

鍋にAと食べやすく切ったホタテを入れて火にかけ、沸いたら火を止める。

2　とうもろこしの下処理をする

とうもろこしは蒸気の上がった蒸し器で5分蒸し、実を1列ずつ切り取る。

3　大根おろしを作る

大根はおろし金でおろし、軽く水気を切る。

4　和え衣を作る

ボウルに3とBを入れてよく混ぜる。

5　仕上げて盛りつける

ホタテととうもろこしを加えて和える。器に盛りつける。

ウナギのばら寿司

ウナギはスタミナ満点で、
夏バテ予防にぴったりの食材。
旬のきゅうりと生姜の
さわやかな香りと食感をプラスして、
ぺろりといただけるおいしさに。

作りやすい分量

米	2合		
昆布	5cm		
水	360ml		
ウナギかば焼き	1本(1匹分)	立て塩	適量
みょうが	2本	※水の分量の3%の塩を加える（水200mlあたり塩小さじ1程度）	
青じそ	5枚		
新生姜	20g	〈寿司酢〉	
きゅうり	1本	米酢	60ml
白いりごま	適量	砂糖	25ml
粉山椒	適宜	塩	6g

1 米を炊く

米は研いでザルにあげ、昆布と水を入れて炊く。

2 ウナギをあぶる

ウナギかば焼きは、魚焼きグリルで軽くあぶってざく切りにする。

3 薬味を切る

みょうがは小口切りにして、サッと水にさらす。青じそは千切り、新生姜は粗いみじん切りにする。

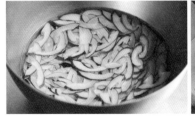

4 きゅうりの下処理をする

きゅうりは縦半分に切って種を取り、笹打ち（斜め薄切り）にする。立て塩に漬ける。

5 酢飯を作る

鍋に寿司酢の材料を入れて火にかけ、砂糖が溶けたら火を止める。炊き立てのごはんに寿司酢を混ぜ合わせる。

6 仕上げて盛りつける

酢飯にウナギ、薬味、きゅうりを混ぜ、器に盛りつける。白いりごまを散らし、お好みで山椒を振る。

【デザート】

もものふるふるゼリー

夏が旬の桃を使った涼やかなデザート。
角切りにした密煮とゼリーの食感の違いが楽しいです。
太めのストローで混ぜながらいただくのがオススメ。

2人分

もも	1個
A　水	200㎖
赤ワイン	20㎖
グラニュー糖	60g
レモン汁	大さじ½
ゼラチン	3g

※冷水でふやかす

パッションフルーツ	1個
〈豆乳ミルク〉	
エバミルク	大さじ1
豆乳	40㎖
砂糖	7g

1 もものの密煮を作る

ももを縦半分に切って種をくり抜く。熱湯にくぐらせ、水に取って皮をむいて8等分に切る。Aを鍋に入れ、沸いたらももを加える。やわらかくなったらレモン汁を加えて冷ます。

2 ももゼリーを作る

鍋に1の煮汁200㎖を入れて火にかけ、沸いたらゼラチンを加えて溶かす。バットなどに入れて粗熱を取り、冷蔵庫で1時間冷やす。

3 豆乳ミルクを作る

鍋に豆乳ミルクの材料を入れて火にかけ、砂糖が溶けたら火を止めて冷ます。

4 盛りつける

もものの密煮を小さく切り、細かくほぐしたももゼリーと混ぜて器に盛りつける。豆乳ミルクをかけ、パッションフルーツの果肉をのせる。

ひとくちコラム

七夕のはじまり

「七夕」を"たなばた"と読むのは、日本古来の風習「棚機津女」に由来しています。棚機津女として選ばれた女性が、水辺の機屋で天から降りてくる水神様に捧げる神聖な布を織り、その織物を神様に捧げて作物の豊作を祈りました。この伝承は日本最古の和歌集「万葉集」にも記されています。

月見

甘い秋野菜や脂ののったサンマなど、
実りの秋を満喫できる献立です。
月見のおもてなしでは、
秋の七草のひとつであるススキや
月から連想されるうさぎのお道具をしつらえて。
里いもやお月様のようなまん丸いつくねなど、
目にも楽しいお料理で食卓を彩りましょう。

お品書

[先付]
小いものずんだ和え

[椀物]
カブと湯葉の椀

[炊き物]
鶏つくねの冬瓜餡かけ

[焼き物]
焼きサンマと秋野菜の
サラダ仕立て

[ごはん物]
萩ごはん

[デザート]
かぼちゃ団子の月見立て
ココナッツ風味

【先付】
小いもの
ずんだ和え

月見のお供え物に欠かせない里いもを、
ずんだ衣の和え物に。
夏のイメージが強い枝豆ですが、
9月頃にはより甘みが増しておいしいです。

	2人分	
小いも（里いも）		10個
枝豆		150g
A	白味噌	20g
	きび砂糖	3g
	塩	ひとつまみ
	基本の出汁（P.25）	大さじ1弱

1　小いもと枝豆の下処理をする

小いもはよく洗い、水から15〜20分茹でて手で皮をむく。
枝豆をさやごと塩（分量外）でもみ、熱湯で2分茹でてザルにあげる。粗熱を取り、さやから外す。

2　ずんだ衣を作る

フードプロセッサーに枝豆とAを入れてかくはんする。

3　仕上げて盛りつける

小いもをずんだ衣で和え、器に盛りつける。

【椀物】
カブと湯葉の椀

和食には旬を先取りする「走り」と、
終わりかけの「なごり」を楽しむ考え方があります。
秋冬が旬のカブで移ろう季節を感じましょう。

	2人分	
小カブ		1個
湯葉		30g
生姜のしぼり汁		適量
基本の出汁（P.25）		300㎖
A	薄口醤油	大さじ1弱
	塩	ひとつまみ
	酒	少々
〈水溶きくず粉〉		
水		20㎖
くず粉		15g

1　具材の下処理をする

カブは葉を1㎝残して切り落とし、6等分のくし切りにする。
葉の軸30gを3㎝幅に切る。湯葉は2㎝角に切る。

2　煮る

鍋に基本の出汁とカブを入れて火にかけ、10分煮る。カブの葉の軸、湯葉、Aを加えてひと煮立ちさせ、水溶きくず粉を加えて混ぜる。

3　仕上げて盛りつける

器に盛りつけ、生姜のしぼり汁をかける。

【炊き物】
鶏つくねの冬瓜餡かけ

鶏つくねは大き目に手で丸めて、お月様に見立てます。
夏が旬の冬瓜をすりおろして餡にして、季節のなごりを感じる一品に。

2人分

もめん豆腐	60g
白ねぎ	15g
生姜	5g
鶏ひき肉	100g
山いも	15g
卵	大さじ1
片栗粉	大さじ½
冬瓜	150g

A	薄口醤油	少々
	酒	少々
	塩	ひとつまみ
	粉山椒	少々
B	基本の出汁(P.25)	300㎖
	薄口醤油	大さじ1弱
	みりん	小さじ1
	酒	大さじ1
	砂糖	小さじ½

〈水溶きくず粉〉

水	大さじ3
くず粉	35g

1 豆腐の水切りをする

豆腐はバットにのせ、重しをして30分ほど水切りをしておく。

2 白ねぎと生姜を炒める

白ねぎと生姜をみじん切りにする。フライパンに米油をひいてよく炒める。

3 鶏つくねの生地を作る

フードプロセッサーに豆腐、鶏ひき肉、山いも、卵、片栗粉、Aを入れてかくはんする。2を加えて混ぜる。

4 冬瓜をすりおろす

冬瓜はワタと種を取り除き、皮をむいておろし金でおろす。キッチンペーパーで包んで軽く水気を絞る。

5 煮る

鍋にBを入れて火にかけ、沸いたら鶏つくねの生地を2つに丸めて鍋に加える。鶏つくねに火が通ったら冬瓜を加え、水溶きくず粉を加えて混ぜる。

6 盛りつける

器に鶏つくねを盛りつけ、冬瓜餡をかける。

2人分

サンマ	1本
すだち	1個
ナス	2本
菊菜（または春菊）	40g
にんにく	1片
しいたけ	2枚
れんこん	3cm
かぼちゃ	100g
小麦粉	適量
菊花	1輪
A　基本の出汁（P.25）	25㎖
濃口醤油	大さじ1
みりん	20㎖
B　黒酢	小さじ2
塩	少々
砂糖	少々

【焼き物】

焼きサンマと秋野菜の サラダ仕立て

旬のサンマは焼いて食べるのが一番！
脂がのっているので、スダチを搾ってさわやかな風味をプラスします。
焼いた秋野菜の甘みもたまりません。

1 サンマを焼く

サンマは大名おろし（P.42）で3枚におろして中骨を取る。小麦粉をハケではたき、フライパンに米油（分量外）をひいて焼く。すだちを搾る。

2 野菜を切る①

ナス1本はしま目に皮をむき8等分に、残りは縦半分にして5㎜幅に切る。菊菜は葉と軸に分ける。にんにくは厚めにスライスする。

3 野菜を切る②

しいたけは石づきを取って半分に切る。れんこんは皮をむいて5㎜幅に切る。かぼちゃは種を取り除き、1㎝幅のくし切りにする。

4 たれ①を作る

鍋にAを入れ、ひと煮立ちさせて冷ます。

5 たれ②を作る

フライパンに多めの米油（分量外）をひき、5㎜幅のナス、菊菜の軸、にんにくを炒める。Bと一緒にフードプロセッサーにかける。

6 野菜を焼いて 盛りつける

フライパンに米油（分量外）をひき、8等分のナスと3を焼く。器にサンマと焼いた野菜を盛りつけ、たれ①と②をかけて菊花と菊菜の葉を散らす。

【ごはん物】

萩ごはん

秋を代表する萩の花を、
ささげや小豆で表現する萩ごはんは、
秋の献立にぴったりです。
味つけはシンプルに塩のみで、
具材の彩りや味わいを楽しみます。

作りやすい分量		
米	———	2合
ささげ	———	50g
ぎんなん	———	30個
にんじん	———	40g
水	———	360㎖
塩	———	小さじ1

1 米を研ぐ

米は研いで水に30分ひたし、ザルにあげる。

2 具材の下処理をする①

鍋に水とささげを入れて火にかけ、沸いたらゆでこぼして水を加える。芯がなくなるまで30〜40分弱火で煮る。

3 具材の下処理をする②

にんじんはあられ切りにする。

4 具材の下処理をする②

ぎんなんは殻を割って鍋に入れ、半分ひたる程度の水と塩小さじ1（分量外）で煮る。薄皮をむき、4等分の輪切りにする。

5 米を炊く

土鍋に米、水を切ったささげ、にんじんを入れ、分量の水と塩を加えて炊く。

6 仕上げて盛りつける

炊き立てのごはんにぎんなんを加え、混ぜ合わせて器に盛りつける。

【デザート】

かぼちゃ団子の月見立て ココナッツ風味

鮮やかな黄色のかぼちゃ団子は、まるで十五夜の満月のよう。
さっぱりとしたほうじ茶寒天に、まろやかな豆乳ミルクがよく合います。

2人分

〈かぼちゃ団子〉
かぼちゃ	60g
白玉粉	60g
水	50㎖

〈ほうじ茶寒天〉
水	200㎖
ほうじ茶	5g
粉寒天	1g
グラニュー糖	大さじ½

〈豆乳ミルク〉
ココナッツミルク	100㎖
豆乳	50㎖
砂糖	7g
塩	少々

〈トッピング〉
あんこ	適量
くるみ	4粒

1 かぼちゃ団子を作る

かぼちゃは湯気の上がった蒸し器で10分蒸して裏ごしする。白玉粉を加え、水を少しずつ加えて練る。食べやすい大きさに丸め、熱湯で3～4分茹でる。

2 ほうじ茶寒天を作る

鍋に水を入れて火にかけ、沸いたら火を止めて茶葉を加えて1分蒸らす。茶葉をこしてグラニュー糖と粉寒天を加えて火にかける。沸いたら流し缶に入れて、冷蔵庫で冷やす。

3 豆乳ミルクを作る

鍋に豆乳ミルクの材料を入れて火にかけ、砂糖が溶けたら火を止めて冷ます。

4 盛りつける

器にかぼちゃ団子、ほうじ茶寒天、あんこ、くるみを盛りつけ、豆乳ミルクをかける。

ひとくちコラム

月見のはじまり

月見は平安時代に中国から伝わり、貴族の間に広まりました。船の上で詩歌や管弦に親しみ酒を酌み交わす風流な宴が催され、貴族たちは水面や盃の酒に映った月を愛でたと言われています。江戸時代には庶民にも月見が広まりますが、稲の収穫に感謝する意味合いが大きかったようです。

冬

正月

<ruby>歳<rt>とし</rt></ruby><ruby>神<rt>がみ</rt></ruby>様に収穫物をお供えして
一緒にいただく直会がお節料理の起源。
歳神様に感謝を伝える神聖なお料理として、
縁起のよい意味がこめられています。
お重の場合は、一の重にかまぼこなどの祝い肴や口取り、
二の重に焼き物、三の重に酢の物、
与の重に煮物を入れます。

お品書

【祝い肴三種】
田作り
数の子
たたきごぼう

紅白なます いくらのせ

伊達巻

エビの艶煮

お煮しめ

白味噌雑煮

【祝い肴三種】

祝い肴三種とは
「これさえあれば、正月のお祝いができる」という、
正月に欠かせないお料理のこと。
左から「田作り」、「数の子」、「たたきごぼう」です。
(関東ではたたきごぼうのかわりに黒豆を用意することもあります)

田作り

乾燥させたカタクチイワシの
幼魚を甘辛く煮たもの。
「五万(ごま)米(め)」とも言い、
五穀豊穣への祈りがこめられています。

ごまめ	——	20g
A 濃口醤油	——	大さじ¼
グラニュー糖	——	大さじ⅕
みりん	——	大さじ1
酒	——	大さじ2
酢	——	少々

1 ごまめを炒る

フライパンにごまめを入れ、ポキッと折れるくらいまで焦がさないように弱火で炒る。

2 ごまめをふるう

1を冷まし、目の細かいザルに入れて軽くふるう。

3 味つけをする

フライパンにAを入れて火にかけ、少し煮詰める。

4 仕上げる

3にごまめを加えて酢を少々加え、手早く全体をからめる。

数の子

作りやすい分量

ニシンの卵で作る数の子は、
子孫繁栄を願う縁起物です。
2回に分けて漬けることで、
くさみを抑えてカツオのうまみを
染みこませます。

塩数の子		8本
A	基本の出汁(P.25)	800㎖
	薄口醤油	100㎖
	みりん	大さじ2
	酒	少々
粉カツオ		適量
立て塩		適量

※水の分量の3%の塩を加える(水200
㎖あたり塩小さじ1程度)

1 数の子の下処理をする①

数の子は立て塩に半日ほどひたして塩気を抜く。

2 数の子の下処理をする②

数の子の薄皮を除き、冷水でサッと洗う。

3 漬け汁に漬ける

鍋にAを入れて火にかけ、沸いたら火を止めて冷ます。保存容器に半量の漬け汁を入れ、数の子を一晩漬けこむ。残りの漬け汁は取っておく。

4 仕上げる

3の漬け汁を切る。残りの漬け汁に粉カツオを加え、さらに1日ほど数の子を漬ける。

たたきごぼう

地中深くに長く根をはるごぼうは、
家庭や商売の安定を願って食べられます。
香りよく炒った白いりごまと、
酸味をきかせた味つけがポイントです。

2人分

ごぼう		20㎝
白いりごま		大さじ1と½
A	酢	大さじ2
	薄口醤油	大さじ½
	砂糖	小さじ2

1 ごぼうの下処理をする①

ごぼうはたわしでこすってよく洗い、縦に十字に切って4㎝の長さに切る。酢水(分量外)に20分ひたしてアク抜きをする。

2 ごぼうの下処理をする②

ごぼうを熱湯で2分茹で、ザルにあげて冷ます。あたり棒でたたく。

3 和え衣を作る

鍋に白いりごまを入れて乾煎りし、あたり鉢で粗くする。Aを加えて混ぜる。

4 仕上げる

3にごぼうを加えて和える。

紅白なます
いくらのせ

紅白の水引のように、
大根とにんじんを細く切って酢に漬けます。
昔は生の魚介も入れていたため
「なます」と呼ばれるようになりました。

2人分

大根	20cm
にんじん	10cm
いくら	適量
A 酢	100mℓ
水	50mℓ
砂糖	大さじ2
昆布	3cm
立て塩	適量

※水の分量の3%の塩を加える
（水200mℓあたり塩小さじ1
程度）

1 具材の
下処理をする①

大根とにんじんは皮をむき、2～3
mmの厚さの拍子木切りにする。

2 具材の
下処理をする②

立て塩に1時間漬け、しんなりした
ら水でサッと洗い水気をよく絞る。

3 ひたし地に漬ける

ボウルにAを合わせ、大根とにんじ
んを入れて冷蔵庫で半日漬ける。

4 仕上げる

器に盛りつけ、いくらをのせる。

ひとくちコラム

紅白なます
あんぽ柿和え

紅白なますのアレンジレシピ。
あんぽ柿の甘みが加わり、
お子様でも食べやすいです。

紅白なます	2人分
あんぽ柿	1個
A 酢	大さじ1
薄口醤油	大さじ⅓

①あんぽ柿はヘタを取り、縦に切れ目を
　入れて開く。種を取り除き薄く切る。
②あたり鉢にあんぽ柿を入れ、すりつぶし
　てAを加える。なめらかになるまでする。
③2に紅白なますを加えて和える。

伊達巻

見た目が巻物に似ていることから、
知識が増えることを願う縁起物とされています。
魚のすり身を、すりつぶしたエビやホタテに
かえてもおいしいです。

作りやすい
分量

卵	5個
山いも	大さじ½
白身魚のすり身	40g
A 砂糖	大さじ5
薄口醤油	小さじ1
塩	適量
基本の出汁(P.25)	100㎖

1　調味料を合わせる

ボウルにAを入れて混ぜ、砂糖を
溶かす。

2　生地を作る①

あたり鉢に白身魚のすり身を入れ、
なめらかになるまでよくする。すっ
た山いもを加え、よくすり混ぜる。

3　生地を作る②

卵白1個分を加えてさらに混ぜる。
ふんわりなめらかになったら、卵黄
1個分を加えてよくする。

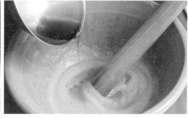

4　生地を作る③

残りの卵を1個ずつ加え、その都度
よくすり混ぜる。1を加えて混ぜる。

5　焼く①

卵焼き器を火にかけ、米油(分量
外)を含ませたキッチンペーパーで
拭いて油をなじませる。

6　焼く②

卵焼き器が温まったら生地を入れ、
アルミホイルで蓋をする。弱火に
して、表面が乾くまで20分ほど焼く。

7　焼く③

卵焼き器のフチに竹串を通し、ひっ
くり返して生地を出す。5と同様に
米油をひき、生地を戻して中火で
逆の面にも軽く焼き色をつける。

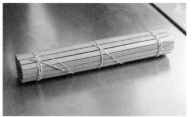

8　巻く

巻きすにのせて巻き、輪ゴムで全
体をとめて5分おく。巻きすを外し、
外側を巻き直して冷ます。両端を
切り落とし、適当な大きさに切る。

エビの艶煮

長いヒゲと腰の曲がった見た目から、
長寿のシンボルとされるエビ。
甘辛い調味料を煮からめて、
つやつやに仕上げます。

2人分

エビ	4匹
A　酒	50mℓ
砂糖	12g
みりん	25mℓ
濃口醤油	小さじ1
たまり醤油	小さじ1
生姜しぼり汁	20mℓ

1　エビの下処理をする①

エビは殻をつけたまま、頭の付け根の背に竹串を刺して背ワタを引き抜く。

2　エビの下処理をする②

ヒゲは口先で切りそろえる。

3　煮汁を作る①

鍋にAを入れて火にかけ、とろみがつくまで煮詰める。

4　煮汁を作る②

濃口醤油を加え、さらに煮詰める。

5　煮からめる①

煮汁の泡が大きくなったら、たまり醤油、生姜しぼり汁、エビを加える。

6　煮からめる②

煮汁をからめながら、エビから出る水分を飛ばす。

お煮しめ

煮しめの由来は、煮汁が少なくなるまで煮る（煮しめる）調理法。
具材にはそれぞれ意味があり、例えばれんこんは先の見通しがきくようにと願う縁起物です。

2人分

里いも	4個	高野豆腐		1枚
たけのこ	1本	鶏もも肉		½枚
※アク抜きをする(P.117)		A	基本の出汁(P.25)	800㎖
れんこん	8㎝		みりん	50㎖
にんじん	8㎝		酒	大さじ1
絹さや	8枚		砂糖	大さじ1
干ししいたけ	4枚	B	薄口醤油	50㎖
ごぼう	1本		濃口醤油	大さじ2

応用編【花にんじんの作り方】

①シンプルな花にんじんを作る（P.31）。
②花びらの間から中央部まで切りこみを入れる。
③花びらの外側から②の切りこみに向かって、そぐように切り落とす。

1 野菜の下処理をする①

里いもは六方にむき、沸騰した米の研ぎ汁で竹串がすっと通るまで茹でる。

2 野菜の下処理をする②

たけのこは縦半分か十字に切る。れんこんは皮をむいて5㎜幅の半月切りにし、熱湯でサッと茹でる。にんじんは2㎝幅に切り花にんじんにする。

3 野菜の下処理をする③

絹さやは筋を取ってサッと茹でる。ごぼうはたわしで洗い4㎝の斜め切りにしてサッと茹でる。干ししいたけは軽く洗って、水に一晩つける。

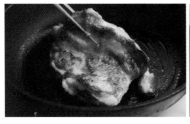

4 鶏肉を焼く

フライパンに米油（分量外）をひいて火にかける。鶏肉を皮目から入れ、両面に焼き色がつくまでよく焼く。ひと口大に切る。

5 高野豆腐の下処理をする

高野豆腐はバットに並べて熱湯にひたして戻す。ボウルに水（分量外）をはり、白い水が出なくなるまで絞る。ひと口大に切る。

6 煮る

鍋に絹さや以外の野菜、鶏肉、Aを入れ、40分ほど煮る。途中でBを2〜3回に分けて加える。5をひたして盛り付け、絹さやを添える。

白味噌雑煮

雑煮は地方色豊かな料理で、
主に白味噌仕立てとすまし仕立てに分けられます。
関西風の白味噌と鏡餅をかたどった丸餅のお雑煮を、
ぜひ味わってみてください。

1人分

里いも	1個
干ししいたけ	2枚
にんじん	1/3本
丸餅	2個
柚子	少々
基本の出汁(P.25)	300㎖
白味噌	70g
薄口醤油	少々
酒	少々

1 椀だねの下処理をする①

里いもは六方にむきひと口大に切る。にんじんは2㎝の厚さに切る。共に米の研ぎ汁で竹串がすっと通るまで茹でる。

2 椀だねの下処理をする②

干ししいたけはかざりぎりをして熱湯をかけて戻す。餅はお湯(分量外)に入れて温める。

【松葉柚子の作り方】

①柚子の皮を薄くそいで短冊切りにする。
②上側を付けたまま、中央のみを切り離すように細く切る。
③指でやさしく広げる。

3 吸い地を作る

鍋に基本の出汁を入れて火にかけ、温まったら白味噌を溶く。薄口醤油と酒で味をととのえる。

4 盛りつける

椀だねを器に盛りつけ、吸い地を注ぐ。松葉柚子を添える。

ひとくちコラム

正月のはじまり

昔から一年の最も重要な節目とされてきた正月。歳神様に捧げる鏡餅は奈良時代に、門松は平安時代からはじまったとされています。門松には歳神様がお越しになる目印(依代)としての役割があり、お餅け神様に捧げる神聖な食べ物として、お祝いや祭りの日に欠かせないものでした。

年中行事の
はじまりと習わし

古代から今に伝わる年中行事の中には、
時代や人々の暮らしの変化にともない、
起源とは異なる形で広まったものもあります。
四季の行事をより深く知り、
その意味と古の人々の思いに触れる
きっかけになれば幸いです。

※時期は地域によって異なる場合があります。

上巳の節句
3月3日

ひな祭りとして現在に伝わる「上巳の節句」。
起源は奈良時代までさかのぼります。当時
は紙や木、草で作られた人形に厄病やけが
れを移し、海や川へと流して身を清める行事
でした。それとは別に、この頃に幼い女の子
がひひな遊び※3をしていた記録もあり、これら
と中国由来の曲水の宴※4が融合して今日の
ひな祭りとなりました。

節分
2月3日

節分は「節わかれ」とも言います。立春、立
夏、立秋、立冬の前日はすべて節分ですが、
春の節分行事「鬼やらい」のみが現代まで残
ったのです。鬼やらいは、平安時代に中国
から伝わりました。当時は大晦日の夜に桃
の木で作った弓と葦の矢で都の四門※1から
鬼を追い払い、1年の疫鬼※2を祓って新年を
迎えたと言われています。

※1 **四門**：東西南北にある門のこと。
※2 **疫鬼**：中国に伝わる妖怪。疫病を引き起こ
　　すなどして人間を苦しめる。
※3 **ひひな遊び**：女の子が紙でできた人形で
　　遊ぶこと。
※4 **曲水の宴**：庭園内の曲がりくねった水路に
　　沿って参宴者が座り、上流から流れてくる
　　盃が自分の前を通り過ぎるまでに歌を短冊
　　にしたため、盃のお酒を飲み干す。

端午の節句
5月5日

起源は、奇数の重なる月日に邪気を払い健康を願う中国の習慣。飛鳥時代に日本に伝わり、菖蒲などの薬草を摘んで強い香りで邪気を払う風習に発展します。平安時代の貴族は菖蒲を屋根に葺いたり、冠につけて流鏑馬をしたりして楽しんだそうです。鎌倉時代からは菖蒲の音が「尚武（武事・軍事を尊ぶこと）」と同じことから男性に関わる行事になりました。

お盆
主な関東地域：7月13日〜16日
主な関西地域：8月13日〜16日

日本固有の御魂祭りに仏教の盂蘭盆会[5]が融合して、室町時代には今のお盆になっていきました。玄関や庭先でほうろく[6]に松の木などで迎え火を焚いてご先祖様をお迎えし、3日後に送り火でお送りします。お供えするホウズキはお帰りの目印になる提灯、割り箸などで足をつけたきゅうりとナスはご先祖様の乗り物です。

夕涼み
8月

昔も今も暑い夏を工夫して涼しく過ごす風習です。清少納言の『枕草子』「あてなるもの[7]」の段には、「削り氷にあまづら入れて、新しき金鋺に入れたる（削り氷に甘葛[8]の汁をかけて、新しい金属の器に入れてあるのが実に優雅です）」という記述が。平安貴族が、涼やかなかき氷を楽しむ様子がうかがえます。

※5　**盂蘭盆会**：祖先の冥福を祈る行事。
※6　**ほうろく**：素焼きの土鍋の一種。
※7　**あてなるもの**：上品なもの、よいもの。
※8　**甘葛**：蔓草の一種。

重陽の節句
9月9日

旧暦9月9日は、現在の暦で10月の中旬にあたり秋もたけなわ。ちょうど菊の花が一番美しい季節で「菊の節句」とも言われています。当時の人々にとって菊は不老長寿のシンボル。平安貴族の女性は8日の晩に菊に綿を被せ、翌日の早朝に夜露と菊の香りが染みこんだ「菊の被綿」で顔や体を拭き、若さや長寿を願いました。

もみじ狩り
10〜11月

奈良平城京の西に位置する紅葉の名所・竜田山には、秋をつかさどる「竜田姫」の伝説があります。竜田姫は鮮やかな黄金の秋の草木の錦をまとった女神様で、竜田姫が袖を振ると木々が色づき、山が染まっていくとされました。この頃から、秋の木の葉が色づくことを染色にたとえて「染める」と言います。

新嘗祭
11月23日

新嘗祭の起源は諸説ありますが、日本書紀では飛鳥時代にはじまったと記述があり、万葉集には新嘗祭の宴で詠まれた和歌が残されています。「天地と久しきまでに万代に 仕えまつらむ 黒酒白酒[※1]を(いつまでも天地と共に新穀の米で作った黒酒白酒を供えて祝いたいものだ)」。収穫を祝う人々の喜びが伝わりますね。

※1　**黒酒、白酒**：新嘗祭でお供えされ新米で醸造された神酒(みき)。白酒は白濁した酒、黒酒は灰を白酒に加えた黒灰色の酒。

年用意
12月13日

お正月に大掃除をする風習は江戸時代には煤払いと言い、江戸城で行われていたものが庶民に広まっていきました。1年間の汚れをきれいにすると歳神様がたくさんのご利益をもたらしてくれると信じられ、煤払いの後は屋敷の主人を胴上げしたり宴会が行われたりするなど、盛大でにぎやかな行事だったようです。

冬至
12月22日頃

この日を境に日が長くなっていくことから、太陽の力がよみがえる縁起のいい日とされています。太陽の復活を祈ることは、五穀豊穣を願うことにつながりました。冬至にまつわる食べ物には邪気を祓う赤と黄色のものがあり、柚子もそのひとつ。現代に伝わる冬至の柚子湯は、江戸時代の銭湯がきっかけと言われています。

人日の節句
1月7日

人日の節句は、別名「若菜の節句」と言います。昔はこの日に野に出て、雪の間から顔をのぞかせる芽を摘む「若菜摘み」が行われていました。生命力あふれる若菜をいただくことで、邪気を除き無病息災を祈ったのです。当時は汁物にするのが一般的でしたが、現在は七草粥をいただく風習が根づいています。

粟飯原 崇光
あいはら たかみつ

一二三庵店主。神戸出身。大阪、東京の日本料理店で修業後、独立。2001年、日本料理店「日本料理 一二三庵」を開店。『ミシュランガイド東京2012・2013・2014・2015』にて4年連続二つ星、『ミシュランガイド東京・横浜2010・2011』にて2年連続一つ星を獲得。現在は「一二三庵 日本料理さろん」で季節の食を伝え、「日本料理教室」では初心者からプロまで幅広い受講生に日本料理を指導。その他、テレビへの出演、雑誌での連載・レシピ提供、企業主催イベントでの講師など幅広く活動している。共著に『季節を彩る お通しと前菜』(ナツメ社)がある。

一二三庵
住所:東京都新宿区矢来町102番地5-1階
電話:03-5228-2272
HP:https://hifumi-an.com/

近藤 陽子
こんどう ようこ

一二三庵女将、和食のマナー講師、年中行事研究家。幼少から日本の食と年中行事の大切さを家庭で学ぶ。航空会社勤務後、日本料理、食卓作法、英国式フラワーアレンジメントなどを国内で学び渡英。生活文化研究家 サンドラ・カリンフィー氏に師事。英国伝統のマナーを習得。帰国後、日本料理店「日本料理 一二三庵」の女将としてお客様の接遇を担当。日本の料理と文化を伝える「一二三庵 日本料理さろん」主宰。和食のマナー、年中行事、季節の室礼、おもてなしの講義を受け持つ。その他、テレビへの出演、企業主催イベントでの講師など幅広く活動している。

撮 影　山本一維

スタイリング　鈴石真紀子

アートディレクション＆デザイン
　　　　　吉池康二 (アトズ)

イラスト　唐木みゆ

ヘアメイク　山下美紀

着付け　遠藤惠智子 (リーシュ)

調理アシスタント
　　　　　瀧澤英恵

編集　伊澤美花、伊藤彩野 (MOSH books)
　　　Natsumi.S (マイナビ出版)

校正　菅野ひろみ

季節を味わう はじめての和食

2023年 12月20日　初版第1刷発行

著 者　一二三庵（ひふみあん）
発行者　角竹輝紀
発行所　株式会社マイナビ出版
　　　　〒101-0003
　　　　東京都千代田区一ツ橋 2-6-3 一ツ橋ビル2F
　　　　電話 0480-38-6872(注文専用ダイヤル)
　　　　　　 03-3556-2731(販売部)
　　　　　　 03-3556-2735(編集部)
MAIL　pc-books@mynavi.jp
URL　 https://book.mynavi.jp

印刷・製本　中央精版印刷株式会社